# A EMPRESA
## ANTIRRACISTA

# Maurício Pestana

**ENTREVISTAS COM**
Theo van der Loo, Luiza Trajano, Noël Prioux, Marcos Samaha,
Andreia Dutra, Eder Leopoldo Ramos, Cristina Palmaka,
Claudia Politanski, Edvaldo Santiago Vieira,
Sekou Kaalund, Rachel Maia, Gustavo Werneck,
Maria Cristina Sampaulo, Ricardo Garcia, Maria Angela Jesus,
Gilberto Costa, Alex Salgado, Annie Jean-Baptiste
**E MAIS:** Cláudia Costin, Valdirene Assis e Judith Morrison

# A EMPRESA

**PREFÁCIO DE**
Antônio Batista da Silva Junior

# ANTIRRACISTA

## COMO CEOs E ALTAS LIDERANÇAS ESTÃO AGINDO PARA INCLUIR NEGROS E NEGRAS NAS GRANDES CORPORAÇÕES

© 2020 by Maurício Pestana

Direitos de edição da obra em língua portuguesa no Brasil adquiridos pela Agir, selo da EDITORA NOVA FRONTEIRA PARTICIPAÇÕES S.A. Todos os direitos reservados. Nenhuma parte desta obra pode ser apropriada e estocada em sistema de banco de dados ou processo similar, em qualquer forma ou meio, seja eletrônico, de fotocópia, gravação etc., sem a permissão do detentor do copirraite.

EDITORA NOVA FRONTEIRA PARTICIPAÇÕES S.A.
Rua Candelária, 60 — 7.º andar — Centro — 20091-020
Rio de Janeiro — RJ — Brasil
Tel.: (21) 3882-8200

Dados Internacionais de Catalogação na Publicação (CIP)
(Câmara Brasileira do Livro, SP, Brasil)

Pestana, Maurício
    A empresa antirracista: como CEOs e altas lideranças estão agindo para incluir negros e negras nas grandes corporações / Maurício Pestana. -- 1. ed. -- Rio de Janeiro : Agir, 2020.
    256 p.

    ISBN 978-65-58370-28-4

    1. Inclusão social 2. Igualdade racial 3. Integração social 4. Mercado de trabalho - Aspectos sociais 5. Mercado de trabalho - Brasil 6. Racismo - Aspectos sociais I. Título.

20-43783                        CDD-658.40*

Índices para catálogo sistemático:
1. Igualdade racial e empresas : Responsabilidade social : Administração 658.408
Aline Graziele Benitez - Bibliotecária - CRB-1/3129

# SUMÁRIO

Prefácio, por Antônio Batista da Silva Junior ... 9
Introdução ... 13

Theo van der Loo (CEO, NatuScience) ... 22
*Por que as mulheres negras estão na base da pirâmide* (MP) ... 33
Luiza Helena Trajano (pres. cons. adm. Magazine Luiza) ... 36
Noël Prioux (CEO, Carrefour Brasil) ... 46
*Ações afirmativas nas empresas* (MP) ... 54
Marcos Samaha (CEO, Tenda Atacado) ... 56
Andreia Dutra (CEO, Sodexo) ... 66
Eder Leopoldo Ramos (CEO, Symrise) ... 80
Cristina Palmaka (CEO, SAP Brasil) ... 88
Claudia Politanski (VP, Itaú Unibanco) ... 96
*Coronavírus e a questão racial* (MP) ... 104
Edvaldo Santiago Vieira (COO, Amil) ... 108
Sekou Kaalund (dir. JP Morgan Chase) ... 124
*Diversidade em transição* (MP) ... 132
Rachel Maia (ex-CEO, Lacoste Brasil) ... 134
*Diversidade nas empresas: produtividade x marketing* (MP) ... 142
Gustavo Werneck (CEO, Gerdau) ... 144
*A cor do PIB brasileiro* (MP) ... 154
Maria Cristina Sampaulo (VP, Goldman Sachs) ... 158

| | |
|---|---|
| Ricardo Garcia (CEO, Belgo Bekaert Arames) | 168 |
| Maria Angela Jesus (dir. Netflix Brasil) | 178 |
| Gilberto Costa (superint. exec. Banco JP Morgan Brazil) | 186 |
| Alex Salgado (VP, Vivo) | 198 |
| E *sua empresa, quanto já gastou na luta antirracista?* (MP) | 208 |
| Annie Jean-Baptiste (líder global Google) | 210 |

**Outras visões sobre inclusão**

| | |
|---|---|
| Cláudia Costin (Comissão Global sobre o Futuro do Trabalho) | 224 |
| Valdirene Assis (Ministério Público do Trabalho) | 232 |
| Judith Morrison (Banco Internacional de Desenvolvimento/BID) | 244 |
| | |
| Corporações inclusivas | 251 |
| Referências bibliográficas | 253 |

# GRATIDÃO UBUNTU

*Ubuntu é um conceito antigo da região Sul Africana, originado na língua zulu (pertencente ao grupo linguístico bantu), que ao pé da letra significa "humanidade" e na maioria das vezes é traduzido como "Humanidade para os outros" ou "Sou o que sou pelo que você é pelo que nós somos", não importando a cor da pele e o país de onde é.*

Este trabalho é o resultado não só de uma série de entrevistas e reflexões, mas também de aprendizados que vêm de décadas de parcerias e contribuições individuais e coletivas. Por isso quero agradecer a algumas pessoas do presente e a outras que já não estão mais entre nós, mas continuam servindo de inspiração na caminhada antirracista.

Aparecida Silva Pestana, Arnaldo Xavier, Antonieta de Barros, Abdias do Nascimento, Ana Carolina, Ad Junior, Alaíde do Feijão, Camila Magosso, Cruz e Sousa, Clóvis Moura, Cleide Vitorino, Dário de Bittencourt, Déo Garcêz, Evandro Calisto, Fábio Garcia, Fausto Kataoka, Frantz Fanon, Henfil, Ildefonso Juvenal da Silva, Jayme Leão, Jamil Murad, JR Drayer, João Jorge, José do Patrocínio, Joyce Gomes da Costa, Kiyoshi Yamawaki, Lélia Gonzalez, Luiz Melodia, Luiz Gama, Lewis Hamilton, Laura Santos, Luísa Mahin, Lázaro Ramos, Martin Luther King, Moisés da Rocha, Mário Nelson, Milena Fontes, Maria Firmina dos Reis, Mahatma Gandhi, Malcolm X, Neide de Paula Ferreira, Nelson Mandela, Paulo Paiva, Padre Henês de Jesus, Roque de Souza, Steve Biko, Sueli Carneiro, Sérgio Loroza, Thereza Santos, Theodosina Ribeiro, Valéria Leão Ramos Malicheski, Vovô do Ilê Aiyê, Wania Sant'Anna, Yalorixá Sany, Zildete Melo, Zumbi dos Palmares.

# A EMPRESA ANTIRACISTA

# PREFÁCIO

A mais grave pandemia do século fez desaparecer o mundo que conhecíamos antes. Transformou o modo como a gente se relaciona, faz negócios, compra, vende, enfim, o modo de ser e estar no mundo. Um vírus parou o globo e parece ter escancarado também as nossas fragilidades e a nossa incapacidade de construir uma sociedade equilibrada e justa.

A Covid-19 nos trouxe sofrimento, perdas e muitas incertezas. Mas também nos fez refletir e redescobrir o que é essencial, o que nos traz valor, o que queremos ser, inclusive, como sociedade. É nesse ambiente incerto, volátil e complexo que o mundo parece dar sinais de que não vai mais tolerar as injustiças sociais e a distância entre o topo e a base da pirâmide social.

Povos de diferentes nações tomaram as ruas das grandes cidades exigindo justiça e dignidade e, principalmente, o fim das graves violações de direitos das populações negras. Maurício Pestana — como protagonista e testemunha do próprio tempo — percebe a evolução do debate antirracista na atualidade. Mas, como é típico de uma liderança consciente, ele não se dá por satisfeito. Quer mais, e quer rápido. Por isso, oferece para a cena pública o livro *A empresa antirracista*.

E é assim, atento aos sinais de seu tempo, que Maurício acerta o *timing* ao reunir nesta publicação as reflexões, experiências e provocações de algumas das mais importantes lideranças empresariais do Brasil sobre o tema da inclusão racial. São relatos de dirigentes de empresas inconformados com a situação de um país em que os negros representam mais da metade da população, formam a maioria dos estudantes universitários, mas representam apenas 5% dos cargos executivos nas companhias brasileiras.

Nunca foi tão importante envolver o sistema empresarial nas discussões sobre a inclusão racial e o futuro que queremos construir. As crises econômica e sanitária encontram um terreno fértil no ambiente da falta de confiança que marca a sociedade contemporânea, e tudo isso atinge em cheio o ambiente empresarial brasileiro. A cobrança por resultados e o desempenho financeiro são armadilhas tentadoras para o líder preocupado com entregas aos investidores ávidos por retorno rápido. Porém, a capacidade de conciliar essas entregas imediatas com aspirações de longo prazo é o que levará à prosperidade social e definirá o legado de uma liderança e de sua organização.

Companhias brasileiras que até alguns anos atrás eram sinônimo de solidez no mercado hoje encontram-se em dificuldade para tocar suas operações. E não por questões de capacidade operacional, mas por incapacidade de se reposicionar diante dos sinais dos novos tempos.

O olhar atento da sociedade que antes se limitava apenas à performance econômico-financeira tem se tornado cada vez mais criterioso para avaliar a relevância de uma organização e a sua razão de existência. Além de bons resultados, o cidadão quer saber também o quanto a empresa cria valor para a comunidade, agindo como protagonista no desenvolvimento de uma sociedade ética, inclusiva, justa, sem deixar ninguém para trás. As gerações de hoje querem saber de que forma as empresas estão conduzindo seus negócios e a que custo.

As empresas precisam ganhar dinheiro, mas não é só isso. O mundo está mudando, e as exigências para o novo líder também.

Ele precisa fazer escolhas éticas considerando o imperativo da longevidade empresarial, as rápidas transformações no ambiente de negócios e a necessidade do desenvolvimento social.

E é neste ambiente de muitas mudanças e tanta incerteza que Maurício faz a sua aposta: para a nova liderança não há outra opção a seguir a não ser fazer o que é o correto, o justo. É preciso conciliar a entrega imediata com decisões e ações consistentes para enfrentar o racismo estrutural que envergonha nossa sociedade e impede o avanço civilizatório.

As próximas páginas podem ser compreendidas como um manifesto em defesa da liberdade, da igualdade e da fraternidade. Pois, nas entrelinhas das perguntas e das respostas dadas a Maurício Pestana, encontramos os sinais da simbólica tríade que inspirou a Revolução Francesa e sustenta os pensamentos republicanos e democráticos das sociedades contemporâneas.

E é assim que Maurício tem construído sua trajetória. O jornalista e cartunista ancora a sua jornada na busca incansável pela garantia da dignidade humana, com especial ênfase na luta contra o racismo e pela equidade racial. Este livro é uma de suas iniciativas mais relevantes para fazer ecoar as vozes por um Brasil justo.

*Antônio Batista da Silva Junior*
(Presidente Executivo da Fundação Dom Cabral)

IMPRESA ANTIRRACISTA

# INTRODUÇÃO

O ano de 2020 será sempre lembrado pela ocorrência das mais intensas manifestações antirracistas do início do século. O assassinato do afro-americano George Floyd pôs o racismo na pauta do dia no mundo inteiro, fazendo com que indivíduos de diversos setores, incluindo governantes, percebessem a necessidade de combaterem esse sistema opressor e profundamente enraizado nas sociedades. Pela primeira vez, algo que sempre pareceu ser uma luta apenas de ativistas de direitos humanos e de negros e negras — os mais afetados por este mal —, tornou-se uma questão urgente para toda a humanidade.

Se, por um lado, o caso George Floyd acabou gerando a adesão de pessoas e o surgimento de novas estratégias de enfrentamento ao racismo, por conta da superexposição dos fatos pela grande mídia, por outro, também nos fez reavaliar os avanços e os fracassos pelos quais passamos, apesar de décadas de formulações de políticas antirracistas. Afinal, nenhuma delas foi capaz de evitar esses abusos policiais.

No Brasil a situação não é diferente. O racismo é recorrente por aqui, em todas as suas formas, e mesmo que movimentos como o #BlackLivesMatter estejam dando mais visibilidade a tal fato, ainda temos muito chão pela frente. Este livro segue nessa direção e se vale dos meus quase quarenta anos de vivência no ativismo antirracista para pôr em discussão a ausência do negro no mercado de trabalho e em cargos estratégicos nas grandes companhias. Sim, a pouca representatividade negra nas empresas também é racismo, racismo institucional.

Minha primeira obra na área foi *O negro no mercado de trabalho*. Na época eu era praticamente um adolescente e tive a honra de dividir o trabalho com o professor Clóvis Moura, um dos maiores estudiosos da questão racial no Brasil. Em 1986, a publicação saiu pela Secretaria do Trabalho do Estado de São Paulo. Corajoso e histórico, é um registro da primeira ação de um governo pós-ditadura militar no sentido de admitir que havia problemas raciais no Brasil e, especificamente, no mercado de trabalho.

De lá para cá, pude perceber diversos avanços e retrocessos no mercado de trabalho, na violência policial e nos meios de comunicação, temas esses que têm permeado minha obra ao longo do tempo. Eles estão intrincadamente conectados ao racismo estrutural brasileiro, um apoiado no outro, e, a despeito do progresso que obtivemos em áreas cruciais, como a educação, tais pontos continuam como antes, sem muitas alterações.

Esses problemas persistiriam ao longo de todas essas décadas, tornando-se a essência e a súmula do meu trabalho, seja como jornalista, ativista ou cartunista. Se meus primeiros cartuns no início dos anos 1980 serviram para ilustrar a discriminação racial no mercado de trabalho, os desenhos críticos sobre o negro nos meios de comunicação mostrariam, complementarmente, como estão demarcadas nossas posições de trabalho nesta sociedade de exclusão. As pessoas negras de forma geral tiveram sua imagem— em especial nas novelas, nas programações de humor e de variedades — associada a papéis de subalternidade, como domésticos, escravos, secretários, motoristas, seguranças, indigentes. Isso afeta a autoestima e estimula o viés inconsciente do racismo no mercado de trabalho.

Com relação à violência policial, a situação não foi diferente, e nada mudou nessas décadas. Negros e negras ainda são vistos, como no final do século 19: ou seja, desocupados, em serviços su-

balternos, sendo as maiores vítimas da discriminação — e, consequentemente, da repressão policial. A despeito de toda contribuição negra ao longo da história.

Ainda hoje, os três pilares desse drama são a violência policial, a discriminação racial no mercado de trabalho e a péssima imagem negra em veículos de comunicação. Tudo isso é fortalecido por uma falta de políticas públicas relacionadas a educação, habitação e segurança, o que alimenta cada vez mais o racismo velado e torna quase impossível reverter a situação imposta há mais de cem anos,

desde a abolição mal instaurada — que praticamente cravou o lugar de inferioridade dos negros na sociedade brasileira.

Dentro dessa perspectiva e no intuito de encontrar os instrumentos e o caminho para quebrar o círculo vicioso do racismo estrutural brasileiro, várias medidas têm sido tomadas, no âmbito público, na sociedade civil ou no setor privado. A sociedade civil, engajada em movimentos sociais e impulsionada pelo discurso que diz que o problema está na educação, agiu de forma exemplar na busca por políticas afirmativas. Por meio de cursos preparatórios para o pré-vestibular, pressões por cotas em universidades públicas e privadas e diversas outras ações, conseguiram, em duas décadas, colocar mais negros e negras nas universidades do que em toda a história da educação em nosso país. Dados do IBGE demonstram que, na virada do século 20 para o 21, alunos negros ocupavam 2% dos bancos das universidades públicas e privadas; vinte anos depois, esse número subiu mais de mil por cento. O setor público, calçado na constituição cidadã de 1988 (que em vários artigos põe a igualdade como um direito a ser exercido), impôs várias políticas de reparação histórica relacionadas a negros e negras em nosso país. Entretanto, os avanços concretos só entraram em voga após a realização da Terceira Conferência Internacional contra o Racismo, a Discriminação Racial, a Xenofobia e Formas Correlatas de Intolerância, também conhecida como Conferência de Durban, ocorrida nessa cidade, na África do Sul, em 2001. O Brasil levou a maior comitiva para o encontro, ganhando a relatoria e se comprometendo a implementar políticas afirmativas de igualdade racial. A partir daí, as cotas nas universidades públicas surgiram, espalhando essa mesma política para o setor público em geral.

O setor privado entra um pouco depois. Frases como "O problema racial brasileiro só vai se resolver quando todos tiverem acesso à educação de qualidade" ou "O problema racial é social, e a partir do momento em que negros e negras tiverem dinheiro, tudo se resolverá" tiveram grande ressonância no setor privado, que, pautado pelo discurso da "meritocracia", pôs a questão racial em uma posição posterior aos problemas crônicos da sociedade brasileira, nunca sanados. No fundo, é como se colocassem o ra-

cismo existente no mercado de trabalho em um patamar utópico, impossível de ser resolvido.

Minha experiência com a temática no setor privado começa, como já mencionei, com a publicação de 1986, que trazia alguns cartuns ácidos de como a discriminação racial se apresentava para o trabalhador negro.

A partir de então, passei a ser chamado para palestrar e orientar algumas empresas quanto a formas de lidar com a questão racial. Eram pouquíssimas as corporações dispostas a entrar nessa discussão e se dedicar ao tema cerca de quatro décadas atrás. Menos de meia dúzia de organizações fazia isso. Posso citar aqui algumas: Levi Strauss, Motorola e Fersol (esta última a única brasileira a compor esse rol).

Essas empresas tinham uma coisa em comum: quase todas eram multinacionais americanas que já vinham com a experiência das práticas antirracistas ancoradas na luta pelos direitos civis no final dos anos de 1960 nos Estados Unidos. Mesmo a Fersol tinha como dirigente máximo um homem de origem judaica, ou seja, nenhuma era genuinamente brasileira.

Poucos anos depois, uma empresa nacional e do setor varejista faria história ao assinar um acordo coletivo com o sindicato, instituindo ações afirmativas para colocar negros e negras em seus cargos de comando: a Camisaria Colombo. O primeiro sindicato a firmar um contrato desses no país foi o Sindicato dos Comerciários de São Paulo. Essas foram as primeiras experiências concretas de ações afirmativas no setor privado brasileiro de que se tem conhecimento, mais de um século após o fim da escravidão.

Nas duas primeiras décadas do século 21, as coisas começaram a mudar e muitas empresas passaram a se interessar pelo tema. As multinacionais ainda apareciam na dianteira. Empresas como a americana IBM, o grupo francês Carrefour e outros do setor bancário, como a inglesa HSBC, planejaram programas afirmativos, inclusive com foco em fornecedores. Começamos a progredir de forma sustentável, mas os avanços ainda se faziam tímidos e de forma individual. As experiências e os resultados não eram compartilhados coletivamente.

Meu conhecimento dessas iniciativas, também por estar à frente da Secretaria da Igualdade Racial da Cidade de São Paulo, me fez convocar todas as empresas que desenvolvem essas ações no trato da questão racial para um encontro comum de troca de experiências. Nasceu, assim, o Fórum São Paulo Diverso – Todos pela Inclusão, no ano de 2015, o primeiro fórum neste formato em toda a América Latina, cujo objetivo central era a troca de experiências e a sensibilização das empresas brasileiras para a importância dessa temática.

Desde então, não ficamos um ano sem promover o encontro que sempre serviu de inspiração para o desenvolvimento de várias práticas de equidade racial no mercado de trabalho e no mundo corporativo como um todo; novos dirigentes e empresas interessadas surgiram desses encontros, assim como organizações e consultorias da sociedade civil, fazendo com que o fórum virasse referência no Brasil e na América Latina. A convite do BID (Banco Interamericano de Desenvolvimento), fui, inclusive, à sua sede, em Washington, para narrar a experiência pioneira do Brasil.

Portanto esta publicação tem como objetivo central trazer, por meio de altas lideranças dessas companhias, as narrativas, as ações e os ganhos dos programas de inclusão racial que já existem ou estão em andamento no mundo corporativo. Reunir os principais líderes com suas experiências nessas ações é crucial no atual estágio em que nos encontramos, no qual a questão racial virou o centro do debate nos quesitos *sustentabilidade* e *paz social*. Essas práticas já disseminadas e registradas em fóruns, entrevistas e em outros espaços podem agora ser compartilhadas de forma aberta e didática.

Aqui estão as experiências corporativas globais e nacionais mais avançadas no Brasil, explicitadas por aqueles que são os maiores responsáveis pelo sucesso da empresa em qualquer área. *A empresa antirracista* registra o que pensam, o que fazem e como agem os mais importantes líderes empresariais brasileiros no que diz respeito à questão racial. Também fizemos questão de ouvir dirigentes globais de outros países, como os Estados Unidos, e de outras instituições, como o Ministério Público Federal e o Banco Interamericano de Desenvolvimento, além de uma gestora da área de educação. São conhecimentos dos mais relevantes que, pela primeira vez, encontram forma coletiva em uma publicação.

O foco do livro é um só: começarmos a quebrar a espinha dorsal do círculo vicioso do qual falamos no início deste texto. Entender a discriminação racial no mercado de trabalho, que alimenta a nossa péssima imagem na mídia, que alimenta a violência policial. Com trabalho, posições e salários dignos nas empresas, negros e negras terão mais condições de se educar e educar os seus, exigindo cada vez mais de seus governantes o respeito aos seus direitos básicos, componentes importantes para a conquista da cidadania plena, livre do preconceito e do racismo.

Embora o meu engajamento neste tema tenha quase quatro décadas, as falas contidas no livro se fizeram nos últimos sete anos, período que passei a ter um contato mais diretos com CEOs e altos dirigentes de grandes corporações por conta da realização dos Fóruns São Paulo e Brasil Diverso, projetos que desenvolvi quando estava à frente da Secretaria de Promoção da Igualdade Racial da Cidade de São Paulo e também após ter deixado o setor público.

Os textos aqui apresentados são resultado de palestras, de entrevistas concedidas no âmbito das diversas edições dos fóruns e também realizadas durante o período da pandemia ocorrida em 2020.

Acrescentei a eles alguns artigos que escrevi para a revista *IstoÉ Dinheiro* nos últimos quatro anos na coluna Diversidade Corporativa, para fazer desta obra um retrato das questões relacionadas à inclusão de raça no setor privado nesta segunda década do século 21. Um registro e uma contribuição não só para os que estão trabalhando para equidade racial no presente, mas também na construção de um novo futuro.

# THEO VAN DER LOO

Theo van der Loo é formado em administração pela American College of Switzerland, na Suíça, e fez MBA na Thunderbird School of Global Management, nos Estados Unidos. Foi responsável pelo marketing do grupo Schering na América Latina e no Canadá e, em 2002, assumiu a presidência da empresa no Brasil. Quando a Bayer comprou a Schering, tornou-se diretor-geral da Bayer HealthCare Espanha. Em 2011, se tornou CEO da Bayer no Brasil e uma voz ativa e muito respeitada na luta por igualdade racial e maior diversidade no mercado de trabalho. Fundador e CEO da NatuScience S.A., é ainda membro ativo do programa CEOs Legacy, da Fundação Dom Cabral, na qual escolheu o tema da inclusão e diversidade como legado pessoal, tornando-se um conhecido orador público nesta área.

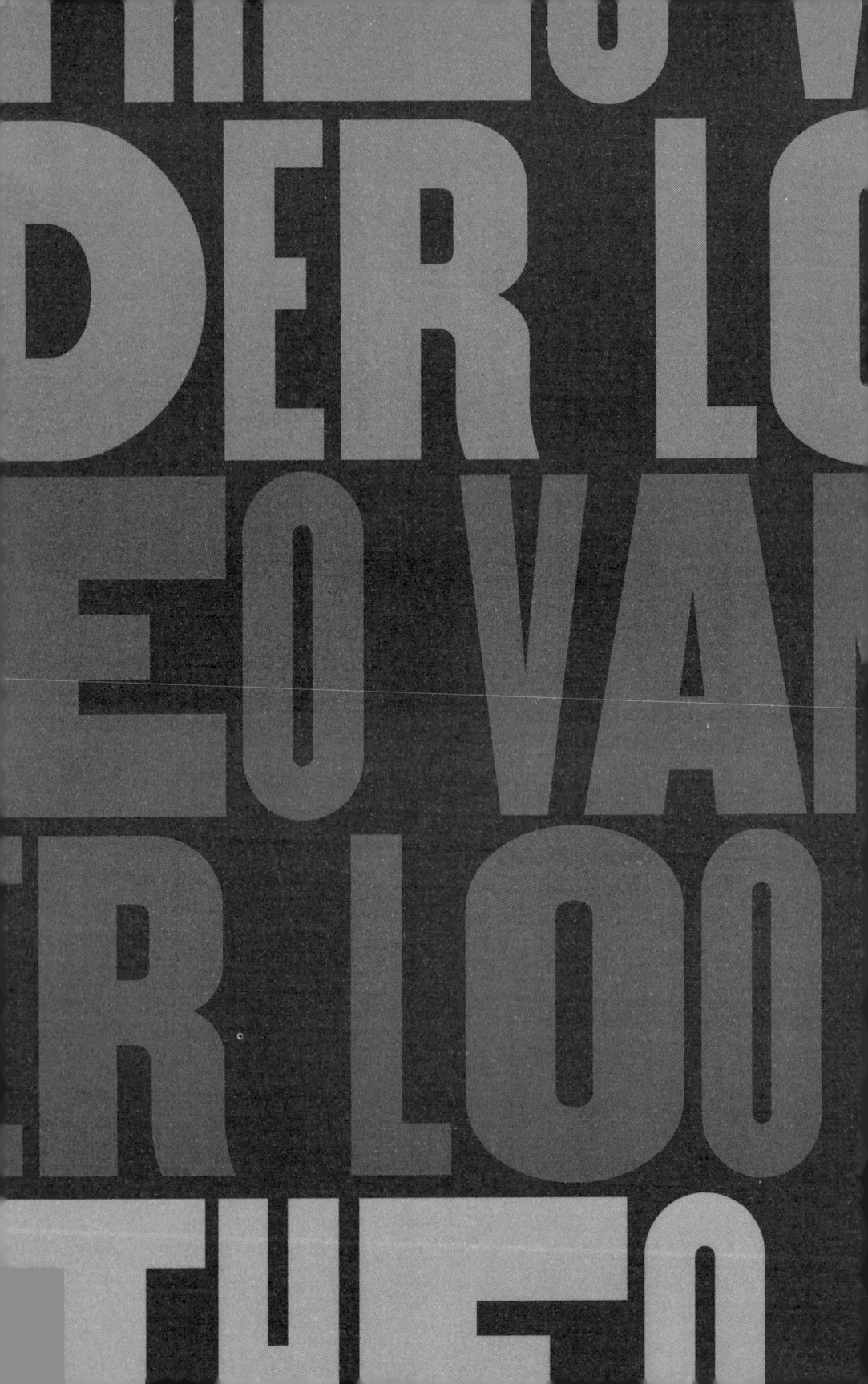

THEO VAN DER LOO

Entrevista publicada na *Revista Raça*, em 29/04/2019.

**MAURÍCIO PESTANA** – O senhor, em pouco mais de cinco anos, decidiu expor publicamente as feridas do racismo institucional brasileiro. O que o levou a fazer isso e quais as suas impressões pessoais sobre o assunto?

**THEO VAN DER LOO** – Já estava atento a essa situação morando fora do Brasil. Mas aqui, há muito tempo, havia percebido o problema e queria fazer algo a respeito. Não sabia por onde começar e como tratar o assunto até que chegou às minhas mãos a coleção de seus livros de cartuns, *30 anos de arte pela igualdade*. Aquele trabalho tinha muito humor, mas também muita profundidade no assunto. Chamei você para um bate-papo e, em paralelo, comecei a conversar com dois colegas negros da Bayer, que eu conhecia um pouco melhor, para debater o tema.

**MP** – Costumamos dizer que no Brasil o problema é mais complexo. Qual foi sua impressão, de imediato?

**TVDL** – Bota complexo nisso... A primeira dúvida que tive foi como eu os chamaria: negro, preto, afrodescendente?

Quando chamei ambos os colegas para uma primeira conversa, disse aos dois que queria fazer algo a respeito do racismo institucional, mas não sabia como começar, que tinha receio de cometer erros e fui logo perguntando: "Como vocês querem que eu os chame?"

Responderam: "Fale como você achar melhor, seja genuíno, fale com o coração, isso que queremos ouvir e iremos perceber." Explicaram que a Bayer é uma excelente empresa, mas no ponto de vista profissional, uma pessoa negra precisa ser muito melhor que uma pessoa branca para ter seu talento reconhecido e ser promovido, que seria difícil um colega negro levantar o tema do racismo no trabalho por si só, para não ter que ouvir que é "mimimi"; alguns teriam até medo de perder o emprego. Surgiu também o comentário: "Nós não queremos favores, queremos somente oportunidades para demonstrar nosso talento, nosso conhecimento." Isso ficou muito marcado. Perguntei como eu poderia ajudá-los nessa luta e veio a resposta: "Continue conversando e tentando entender o problema." Ficou evidente para mim a importância do "lugar de escuta". É importante saber ouvir o que as pessoas têm a dizer, e isso precisa ser num clima de confiança mútua. Eu fui muito intuitivo, e quando a intenção é genuína, é aceitável cometer erros.

**MP –** O que mudou desde que o senhor começou a tratar do assunto até os dias de hoje?

**TVDL –** Isso foi em 2015, inicialmente mudou pouco. Atualmente, a tendência é mais favorável, mas ainda falta muito. Desde que assumi essa luta, fui convidado a falar em muitas empresas. O que percebo em algumas, quando volto a elas depois de muito tempo, é que pouco mudou. Ainda estamos muito no plano das conversas e de poucas ações. O problema é real, é detectado, mas as ações para mudarem as coisas ainda são tímidas.

**MP –** O senhor mediou uma das mesas do primeiro Fórum Brasil Diverso. O que achou da iniciativa?

**TVDL –** O Brasil Diverso tem sido uma continuação do São Paulo Diverso, e é fundamental a gente seguir com essas iniciativas. O mais importante para mim é ter o comprometimento dos CEOs, pois é ele que dará o tom. Na minha experiência, se não nos envolvermos e não dermos o exemplo para a empresa, vamos apenas sair bem na foto e dizer que estamos fazendo inclusão e diversidade, mas é necessário ser proativo. É preciso ajudar fazer um filme, não apenas sair na foto. Colocar a mão na massa!

**MP –** O senhor fez um post corajoso em uma rede social direcionada ao mercado de trabalho, no qual revelou o depoimento de um colaborador que ouviu numa entrevista de recrutamento que a empresa não empregava negros ao cargo por ele disputado. Como foi isso?

**TVDL –** Foi uma surpresa. Na verdade, eu só estava querendo ajudar um amigo meu. Estava muito chateado com o que tinha acontecido e foi mais um desabafo. Tanto é que eu falei com ele, mostrei o texto para ele antes de postar. Em duas semanas teve mais de quinhentas mil visualizações, 1.500 comentários. Eu fiquei muito surpreso, mas também assustado com tanta repercussão. Não foi minha intenção criar toda essa polêmica naquela época. Eu até pensei em tirar o post, mas resolvi deixar, ia sair de férias e não poderia responder. Aí pensei: "Vou deixar." Se está tendo esse impacto, deve ser por algum motivo. Foi interessante, porque tinha muitos negros pedindo que eu não parasse, que eu continuasse, porque se fosse uma pessoa mais simples que tivesse colocado o post, não ia acontecer nada.

**MP –** O senhor acha que se fosse o negro discriminado a colocar o post teria a mesma repercussão?

**TVDL –** De jeito algum! Diriam que era "mimimi", do tipo "lá vem o pessoal do movimento negro querendo reclamar". Como eu era um branco, um CEO, parece que foi um grito, um alerta. Na realidade, o alerta veio muito mais quando eu comecei a receber os comentários dos negros pedindo para eu não parar e falando que era isso mesmo, que era uma vergonha o que estava acontecendo, que se sentem discriminados, que não têm oportunidade. Mas o que me chamou mais atenção foram as pessoas que me mandavam mensagem diretamente (em off) dizendo que não podiam colocar comentários publicamente por terem medo de perder seus empregos. Mulheres falando que se um homem negro é discriminado, com a mulher negra é muito pior. Além disso, sofriam diversos tipos de assédio no ambiente de trabalho. Fiquei sabendo também do cabelo crespo, que existem empresas que mandam uma circular pedindo para as mulheres negras alisarem os cabelos. Comecei a notar que a situação é muito mais profunda do que eu tinha imaginado, muito pior. Depois desse momento, obviamente conheci muito mais pessoas comprometidas com causa, gente talentosa, e realmente abriu-se um novo horizonte para mim, uma jornada de muito aprendizado, até os dias de hoje. Você, Maurício Pestana, me ajudou muito a entender mais desse assunto, inclusive os aspectos históricos do problema.

**MP –** O senhor tem aprimorado sua fala sobre a questão racial, e saiu um pouco do patamar do mercado de trabalho para outras questões mais complexas. Fale mais sobre esse momento.

**TVDL –** O que eu digo hoje, olhando um pouco para trás, é que nós, como brancos, conhecemos um Brasil que é o Brasil dos brancos. Aquele Brasil de elite que vai ao restaurante e só tem branco, onde os negros talvez façam o trabalho menos privilegiado, estacionando carros e trabalhando como segurança. Os clientes são os brancos. É um outro Brasil. Eu chamo isso de um apartheid velado. Quando você começa a conhecer pessoas da comunidade negra, pessoas maravilhosas, juízes, advogados, promotores, executivos, muitas mulheres empreendedoras, você vê que é outro mundo, e estou descobrindo que tem um Brasil maravilhoso que nós, brancos, não conhecemos. Eu posso falar que hoje eu conheço um Brasil mais completo, que tem um outro lado, o Brasil que é maravilhoso. Eu só lamento não ter tido antes essa interação de pessoas como eu estou tendo agora. Maurício, você foi um dos meus mentores nessa jornada, foi a primeira pessoa negra fora da empresa com quem eu conversei sobre a causa da integração racial corporativa, abrindo meus olhos também em vários aspectos.

**MP –** A decisão de empregar negros, mulheres, profissionais PCD, LGBTQI+ e tornar o ambiente mais diverso ainda passa pelas mãos do CEO?

**TVDL –** Eu diria que sim e que não. Porque eu, como CEO, sempre dependi das pessoas, sozinho a gente não faz nada. Acredito que na maioria das vezes a questão do preconceito, do racismo, vem do inconsciente. Quando dou as minhas palestras, normalmente todos os executivos concordam comigo e dizem que não haviam pensado nisso. Mas é verdade, não "caiu a ficha", e com isso alguém vai dizer que estou certo, mas aí eu respondo: "Mas se vocês acham que estou certo, por que a gente faz quase nada ou tão pouco a respeito?" Aí é que está. Se fosse fácil, eu não estava falando sobre isso agora. Já estaríamos todos fazendo algo. A verdade é essa. É que é muito mais complexo do que imaginamos. Pois, pessoalmente, eu contrato pouca gente. Depende dos demais colegas e gestores que contratam pessoas, e se eles não se mobilizarem, comprarem a ideia e abraçarem a causa, não vai mudar nada. Nem toda empresa é uma ilha perfeita. Trabalhei com pessoas que não concordavam comigo, isso é todo um processo, e eu tenho certeza de que na maior parte das vezes é inconsciente, as pessoas não fazem de propósito. Simplesmente a ficha delas não caiu. Se eu de fato não tomar nenhuma ação pró-diversidade, antiexclusão, nada vai mudar. No Brasil, a gente reclama de muita coisa achando que é para outra pessoa resolver o problema. E temos que aprender, como brasileiros, que se não fizermos nada, não vai mudar nada. Para mim, a inclusão racial é fundamental para o futuro do Brasil. É uma dívida histórica que nós temos com a população negra. Além disso, já que 56% da população brasileira é afrodescendente, podemos concluir que aproximadamente a metade do talento Brasileiro não está sendo aproveitado no mercado de trabalho. Todas as empresas iriam ganhar com isso, tornando o Brasil mais competitivo em relação às outras potências.

**MP –** E como é possível sensibilizar as empresas de que é preciso agir para que a mudança aconteça? Como o senhor, com sua já larga experiência, consegue sensibilizar seus pares?

**TVDL –** Como? Acredito que dando o exemplo, falando e fazendo. Quando profiro minhas palestras, tento provocar a plateia para ver se cai a ficha. É o que chamo de plantar sementes. Porque, na prática, você vê, em eventos que discutem essa questão, cem CEOs saírem dali dizendo: "Nossa que legal, que bacana, você tem razão, parabéns etc." Um ano depois, vai perguntar o que foi feito na empresa. Quase nada. É muito legal receber um abraço, felicitações, mas, se depois não acontece muita coisa na empresa... Por isso que é preciso ser persistente.

Pensando na minha área de atuação, é que nem propaganda para médicos. Você vai ao médico todo mês e faz a promoção dos produtos. Não adianta fazer só uma vez. Todo mês você precisa voltar a fazer divulgação do produto para que ele consiga ver os benefícios. É a mesma coisa. A gente que fica batendo na porta. O que temos que fazer como CEOs é seguir com essa batalha, continuar a falar e sensibilizar outros CEOs a se engajarem mais. Temos que chegar às grandes empresas, e não adianta mirar só nas multinacionais, porque elas são muito mais proativas do que as empresas nacionais, embora haja muitas empresas nacionais fazendo coisas. Os bancos todos estão fazendo. Mas acho que faltam muitas empresas nacionais abraçarem a causa. Temos um longo caminho pela frente, e é por isso que não podemos parar. Evidentemente, o protagonismo da causa está com a comunidade negra. É preciso continuar juntos e chamar o branco para a conversa. Porque, sejamos sinceros, o branco é o que tem o poder, é o que discrimina, historicamente foi ele que gerou essa situação, e ele é, portanto, parte importante da solução. Deixar tudo como está não é mais uma opção. É preciso refletir sobre a seguinte pergunta: se você não é racista nem antirracista o que você é, então?

IPRESA
ANTI
RRACIS
ISTA

# POR QUE AS MULHERES NEGRAS ESTÃO NA BASE DA PIRÂMIDE

Publicado por Maurício Pestana na revista *IstoÉ Dinheiro*, em 22/08/16.

Quando falamos em diversidade, a primeira coisa que vem à cabeça das pessoas que estão envolvidas com o tema nas corporações é a questão das mulheres, antes mesmo da questão racial ou LGBT. No entanto, raramente este pensamento é incluído na questão de raça focada nas mulheres, ou seja, mulheres negras e sua admissão, promoção e permanência no mercado de trabalho. Recentemente tive contato com três pesquisas muito interessantes que desenvolvem a temática e revelam dados que demonstram claramente este problema.

O primeiro trabalho foi a pesquisa *Diversidade de Gênero e os Pilares da Saúde e Equilíbrio de Vida*, elaborada pela consultoria especializada em gestão de benefícios e qualidade de vida Mercer Marsh, que aborda como a questão de diversidade de gênero tem sido cada vez mais um tema de grande importância para as empresas.

A segunda, o *Perfil Social, Racial e de Gênero dos 200 Principais Fornecedores da Prefeitura de São Paulo*, realizada pela Secretaria

Municipal de Promoção da Igualdade Racial (SMPIR) em parceria com o Instituto Ethos e com patrocínio do Banco Interamericano de Desenvolvimento (BID), foi mais fundo na questão do gênero: considerou também as mulheres negras no mundo corporativo, as quais se encontram em um dos quatro grupos considerados mais vulneráveis no ambiente profissional: mulheres, negros, pessoas com deficiência e pessoas com mais de 45 anos.

O estudo *Diversidade de Gênero e os Pilares da Saúde e Equilíbrio de Vida* entrevistou 267 empresas nacionais e multinacionais de grande e médio portes de 29 diferentes segmentos da economia. Atente para as principais conclusões: apenas 10% dos cargos de diretoria são ocupados por mulheres. No nível executivo, a prevalência maior (90%) é masculina. Nos cargos abaixo da gerência, as mulheres ocupam 33% dos cargos administrativos, 22% dos cargos operacionais e 20% dos cargos de supervisão e coordenação.

É baixo também o índice de empresas com programas voltados ao público feminino. Apenas 3% das empresas declaram possuir um programa estruturado de berçário para mães com filhos recém-nascidos e só 4% das empresas ouvidas pretendem instalar berçários em suas dependências.

Já o *Perfil Social, Racial e de Gênero dos 200 Principais Fornecedores da Prefeitura de São Paulo* exibe uma participação importante das mulheres nos postos de diretoria, gerência e supervisão. Quando, porém, é feito o recorte por cor ou raça, observa-se que as mulheres negras estão posicionadas na base da pirâmide. E assim continuam quando o recorte é por renda, mantendo-se a sequência da melhor à pior condição: homens brancos, mulheres brancas, homens negros e mulheres negras (em último lugar).

Atualmente, 4,9 milhões de pessoas estão alocadas nas instituições que prestam serviços ao poder público municipal. De acordo com os resultados do estudo, dentro desse contingente, a população negra continua sendo a mais vulnerável às desigualdades. Por exemplo, entre as empresas que buscam promover a igualdade em seu quadro de funcionários, 28,3% possuem políticas voltadas para pessoas com deficiência, 17% para mulheres, 9,4% para pessoas com mais de 45 anos, e apenas 8% para negros.

Os dados não diferenciam muito de outra pesquisa realizada também pelo Ethos — *Perfil Social, Racial e de Gênero das 500 maiores empresas do Brasil e suas ações afirmativas* — em que os negros estão nos últimos patamares e, embora as mulheres estejam em maior patamar quando comparadas com outros grupos, como LGBTQI+ e negros, quando a pesquisa analisa mulheres negras, percebe-se o patamar mais baixo dos pesquisados. Em resumo, as mulheres negras são as mais discriminadas nos critérios salário e promoção.

Para os operadores e estudiosos do tema diversidade, as pesquisas servem apenas como indicadores para o desenvolvimento de ações visando o combate às desigualdades no mercado de trabalho, uma vez que é visível a olho nu, quando visitamos qualquer grande empresa, a quase total ausência de negros e em especial mulheres negras em cargos de comando, os números servem para comprovar essa ausência.

O lado positivo dessas pesquisas é que a partir delas um número expressivo de empresas estão trabalhando de forma focada e incansável para reduzir essas desigualdades. A liderança continua sendo de empresas multinacionais, mas nesse grupo começam a marcar presença empresas nacionais que, ao lado do setor público — com uma legislação que o autoriza a reservar 20% de vagas para negros no serviço público federal e também em alguns estados e municípios, como o de São Paulo, onde a prefeitura reserva 20% das vagas para negros desde o cargo de estagiário até os de secretário —, estão mudando a realidade do seu quadro funcional.

# LUIZA TRAJANO

Luiza Helena Trajano é presidente do Conselho de Administração do Magazine Luiza. A empresária e advogada foi responsável pelo salto de inovação e crescimento que colocou a empresa entre as maiores varejistas do país. Também atua como conselheira em 12 diferentes entidades, como o Instituto para Desenvolvimento do Varejo, a Federação das Indústrias do Estado de São Paulo, a Unicef e o Grupo Consultivo do Fundo de População da ONU no Brasil, e preside o Grupo Mulheres do Brasil. Foi eleita Personalidade do Ano de 2020 pela Câmara do Comércio Brasil-EUA. Em sua trajetória, vem sendo reconhecida e recebendo centenas de premiações. É a única executiva brasileira na lista global do WRC — World Retail Congress. Apesar de todas essas atividades, mantém uma agenda de palestras intensa.

LUIZA
FRAJA
LUIZ
TRA

Entrevista publicada na *Revista Raça*, em 09/02/2018, acrescida de perguntas feitas em julho de 2020 para este livro.

**MAURÍCIO PESTANA –** A senhora poderia falar sobre a sua experiência com o tema diversidade?

**LUIZA HELENA TRAJANO –** Eu sou do Grupo Mulheres do Brasil. Nele já havíamos trabalhado alguns assuntos relacionados a diversidade e igualdade de gênero. Criamos comitês para discutir tais assuntos, e o de igualdade racial já tem quatro anos. Eu não achava que existia essa desigualdade tão grande, pois fui criada na empresa da minha tia, em que havia vários negros trabalhando. Mas chega um dia em que você se confronta com a realidade e vê que o problema é muito mais sério do que você imaginava.

Por isso, hoje meu objetivo é furar essa nuvem que existe. É gerar debates para falar sobre igualdade racial, trazer negros para trabalharem conosco e serem premiados pelo seu trabalho, levá-los a relatar as dificuldades que tiveram e aumentar o que eu chamo de nível de consciência. Não adianta estabelecer normas e programas se não conseguirmos aumentar o nível de consciência. Realmente o problema é muito mais profundo do que a gente pensa e vive, então tem que trazer isso à tona para só depois criar programas que possam resolver: programas de seleção, programa de treinamento...

**MP –** A senhora acha que esse trabalho consistente e duradouro que vem sendo feito ajuda a aumentar o nível de consciência para outros problemas sociais? Vocês têm ampliado esse espectro, não é?

**LHT –** É, sim. O problema mais recente que eu trouxe para o Magazine foi a violência contra a mulher. Já tem um bom tempo que trabalhamos a igualdade racial, mas a violência eu acho que não estava tão próxima de mim. Até que, em 2017, uma mulher foi morta num shopping nosso e eu fiquei muito mal, por isso decidi abordar o problema da violência.

**MP –** Gostei muito da campanha que vocês fizeram. Queria que a senhora falasse um pouco dela.

**LHT –** Quando resolvi enfrentar no Magazine o problema da violência, criamos esse canal da mulher e um comitê sobre o assunto. Não inventamos a roda, partimos do que as ONGs já faziam, e assim foi mais rápido. Em pouco tempo já tínhamos recebido noventa denúncias, pois as pessoas criam um vínculo com a empresa.

Vamos fazer um café da manhã com alguns presidentes de empresas falando sobre a igualdade racial e sobre a violência contra a mulher. A ideia é repassar para eles um *checklist* de como lidar com esse canal, porque eu também tive que aprender. Criamos um boletim de passos para abrir esse canal e queremos receber aqui, no nosso laboratório, todos os presidentes de empresas que quiserem conhecê-lo. Paralelo a isso, precisamos falar também de igualdade racial, porque a mulher negra é muito violentada.

Mas, voltando à campanha, eu já estava trabalhando com esse assunto há uns meses e, na véspera do Dia da Mulher, meu filho me ligou dizendo que estavam querendo fazer uma campanha e queriam saber minha opinião. Era assim: "Dizem que em briga de marido e mulher ninguém mete a colher, mas o Magazine Luiza vai meter, sim." Então eles criaram uma colher para vender a R$ 1,80 e repassaram toda a receita das trinta mil colheres vendidas para duas ONGs que combatem esse tipo de violência. O que eu achei legal foi que os homens é que deram essa ideia. Mas a campanha só deu certo porque já estávamos fazendo esse trabalho, e não por estar na moda as empresas trabalharem propósito e ajudarem a sociedade a solucionar os problemas.

**MP –** É bom falar da colher...

**LHT –** Estava gravado nelas "#eumetoacolhersim ligue 180 e denuncie".

**MP –** Geralmente as multinacionais é que têm programas de ação afirmativa para negros. Como está essa questão do negro nas empresas brasileiras?

**LHT –** Eu acho que melhorou muito. Tenho certeza de que o mercado está mudando no mundo inteiro. E a valorização da diversidade vai se atrelar ao lado econômico, não vai ser algo desligado, como uma espécie de voluntariado ou uma ação bonitinha que a empresa está fazendo para ter um balanço social. A mentalidade já está mudando, e daqui a pouco vão dar um jeito de medir se a empresa trata bem seus funcionários, seus clientes, respeita a diversidade, respeita a igualdade de gênero.

**MP –** Indo direto ao assunto e à polêmica que ainda resiste na sociedade brasileira, a senhora é a favor de cotas raciais no mercado de trabalho?

**LHT –** Em primeiro lugar, as pessoas precisam entender exatamente o que são as cotas raciais. Há muita confusão a respeito do assunto e muita desinformação. Quando as pessoas entendem exatamente o que são as cotas, é difícil elas ficarem contra. As cotas são um processo transitório para acertar um erro histórico, uma desigualdade que muitas vezes foi intensificada por falta de uma política pública adequada que pudesse reverter um processo de desigualdade. Se a gente não fizer alguma coisa, essa desigualdade não vai acabar nunca, este é o ponto básico. A segunda e talvez a mais importante coisa a entender é que uma empresa só tem a ganhar reproduzindo em seus quadros a diversidade existente na sociedade. Os ganhos não são apenas financeiros, mas a diversidade permite que vejamos o mundo com outros olhos, melhorando o clima interno como um todo.

**MP –** Mas os críticos dessa ação acham que é uma medida muito radical e extrema para o Brasil. E a senhora?

**LHT –** É um erro achar isso. Se você não tomar uma atitude como adotar cotas raciais para mudar o quadro racial das empresas, vai levar cem anos para fazer as coisas andarem para os negros. E, quando falo isso, não falo só no trabalho, mas em todos os níveis.

**MP –** Como assim?

**LHT –** Simples, dê uma olhada na questão escolar. A defasagem escolar do negro em geral é gigantesca, é muito desigual, e se a gente não fizer alguma coisa vai continuar desigual. Meus netos ainda vão viver num país desigual como é hoje, e não é essa herança que eu quero deixar. Quando você descobre que existe uma medida transitória que pode acelerar o processo, você muda totalmente a forma de pensar. Quando você descobre que as coisas melhoraram, você muda; também não concordo com cotas sem mudar a consciência.

**MP –** E como a senhora iniciou o trabalho com relação à discriminação racial?

**LHT –** Um dos primeiros passos nesse sentido foi a discussão do tema da inclusão racial com os 1.200 gestores de primeira linha da rede, enfatizando a necessidade de assumir na prática a integração de trabalhadores negros. E os resultados apareceram rapidamente. Numa das lojas de Campinas, no interior de São Paulo, administrada por um gerente negro, a seção de produtos eletrônicos pesados (geladeiras, *freezers* etc.), que responde por 70% das vendas, é toda composta por afrodescendentes. É uma das unidades mais bem-sucedidas da companhia. Trabalho com esse nível de consciência, então agora quero estagiário negro, quero que em cada loja tenha *trainee* negro, quero três, quatro negros em cada loja, e se a gente não chegar nisso a gente vai parar.

**MP** – Um dos argumentos dos que são contrários a medidas como cotas no mercado de trabalho é que elas seriam um problema parecido aos encontrados em relação a pessoas portadoras de necessidades especiais: existe a lei, mas há muita dificuldade de encontrar o profissional para ocupar esse espaço. É verdade?

**LHT** – Tem que ter cotas. A desculpa será sempre a mesma, ou arrumarão outras. É igual à questão dos portadores de necessidades especiais. Antes da lei, você não encontrava nenhum para compor o quadro das empresas. Assim que baixou a lei, fomos obrigados a encontrá-los. Temos que dar um salto; tem que ter *trainee*, estagiários...

**MP** – O que outros dirigentes de empresa acham dessa sua posição? A senhora conhece alguma empresa ou dirigente com essa posição arrojada e avançada?

**LHT** – Sim, são poucos, mas já tem gente se destacando na defesa da igualdade. No caso específico de mercado, posso apontar o Theo van der Loo, da Bayer. Agora, em termos de empresa, eu destacaria o banco Santander, que está fazendo um trabalho fantástico em sua corporação. Eles apresentam números muito consistentes, e têm trabalhos muito interessantes também com relação a assédio sexual e violência contra mulheres. Estão entre as melhores empresas para as mulheres trabalharem. Para mim não tem ninguém estimulando a igualdade como eles, nós sim, mas eles têm metas e trabalham com diversidade. Por exemplo, têm cotas de *trainee* para negros trabalharem lá e estagiários negros.

**MP –** Você é uma liderança hoje que fala sobre diversidade, e é uma pessoa respeitada por isso. A comunidade negra gosta muito das suas defesas. No meio empresarial, já perguntaram por que você está mexendo com isso?

**LHT –** Sabe que não, Maurício? Não encontro pessoas que me critiquem por isso, até porque também estamos dando resultado financeiro.

**MP –** A senhora falou uma coisa importante: diversidade também dá lucro...

**LHT –** Sempre quis uma empresa que tivesse propósito, o que não é fácil. Muitas vezes você erra, muitas vezes não entende. Como vou ter propósito se não trabalhar com diferentes tipos de pessoas, se não levar em conta que a população brasileira é composta de mais mulheres que homens, de mais negros que brancos? Em um conselho é preciso ter homens e mulheres negros, e quanto mais diversidade, isso está provado, mais lucro se tem.

**MP –** Nesses anos em que a senhora vem trabalhando essa questão na sua rede de lojas, já notou alguma diferença?

**LHT –** Poderia te dar alguns exemplos dessa mudança, mas citarei aqui algo que me deixou bastante emocionada e animada. Há pouco tempo tivemos um evento com oitocentos líderes.

Quando pedi que os negros subissem no palco, e era um palco grande, não coube todo mundo. Acho que no Magazine não temos muito problema de preconceito, pois isso é muito trabalhado aqui, mas é preciso que o negro suba de cargo, e por esse exemplo dá para ver que estamos conseguindo isso.

# NOËL PRIOUX

Noël Prioux, CEO do Carrefour Brasil desde 2017, tem formação técnica em contabilidade. Iniciou sua carreira no Grupo Carrefour em 1984, ocupando vários cargos operacionais na Divisão Regional Oeste do Carrefour França Hipermercados. Em 1996, foi nomeado diretor de Serviços Bancários do Grupo na França e, em 1998, administrou subsidiárias internacionais, antes de atuar como diretor executivo na Turquia, Colômbia, Ásia do Sul e Espanha. De 2001 a 2003, foi responsável pelos hipermercados Carrefour na França, após a fusão com a Promodès. Desde junho de 2011, ocupa o cargo de diretor executivo do Carrefour França.

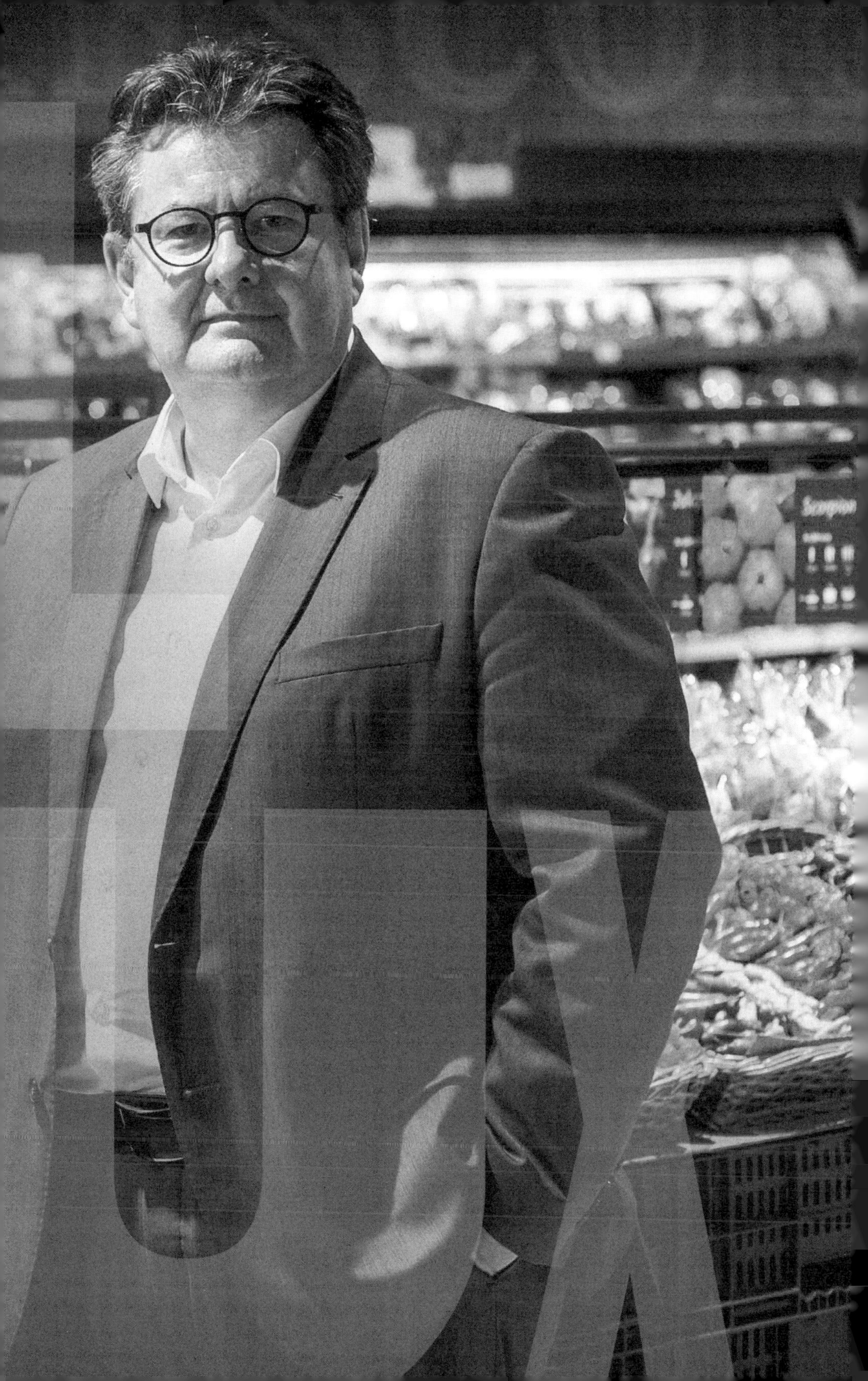

Entrevista concedida em 10/08/2020.

**MAURÍCIO PESTANA –** Quando o grupo Carrefour começou a trabalhar a questão da diversidade no Brasil e quais os motivos que levaram a empresa a se atentar para esse tema?

**NOËL PRIOUX –** Aqui no Carrefour temos um forte propósito de cuidar e valorizar todas as pessoas, zelando pela boa qualidade das relações que mantemos com todos. Por isso, nos comprometemos em atuar em conformidade com normas internacionais e nacionais de direitos humanos, além de boas práticas de responsabilidade social. Iniciamos nosso trabalho mais especificamente no ano de 2012, com a elaboração de uma Política de Valorização da Diversidade com o objetivo de disseminar a cultura do respeito a todas as pessoas e combater todo e qualquer tipo de discriminação. No mesmo ano, criamos uma Plataforma de Diversidade e Inclusão, que busca trabalhar com todos os nossos públicos: colaboradores, clientes, fornecedores e sociedade civil, com o objetivo de impactar o negócio, a marca e a sociedade, por meio da promoção de igualdade de oportunidades e um ambiente de trabalho com respeito.

Escolhemos quatro temas prioritários para investirmos em ações afirmativas: diversidade sexual, diversidade de gênero, inclusão de pessoas com deficiência e diversidade racial. Este último, especificamente, com o objetivo de aumentar a empregabilidade de pessoas negras em nossa organização, e também acelerar o número de pessoas negras chegando na liderança.

**MP** – A presença do Carrefour no dia a dia do brasileiro é bem grande, vemos que há muita diversidade nas lojas. Como é essa representatividade entre os colaboradores?

**NP** – Somos uma empresa do varejo que, muitas vezes, é a porta de entrada para o mercado de trabalho para as pessoas. Atualmente, a maioria dos nossos colaboradores se autodeclaram pretos ou pardos, o mesmo cenário vemos em nossa liderança operacional. Temos a alegria de sermos um reflexo do Brasil no que diz respeito à representatividade de negros.

**MP** – Há algum fato pessoal que lhe chamou a atenção para a questão racial na empresa ou no Brasil?

**NP** – O que chamou a minha atenção ao chegar ao Brasil foi me deparar com questões e diálogos sobre equidade racial. Para mim era uma surpresa a desigualdade racial num país em que, pelo censo do IBGE, 56% da população se autodeclara preta ou parda. Assim, me questionava onde estavam as pessoas negras nas empresas, onde estava a equidade racial. Tomei consciência de que a equidade racial é uma pauta que deve ser dialogada urgentemente.

**MP** – O que o senhor acha que tem mudado na discussão sobre a presença de negros e negras no ambiente corporativo? Se tem mudado, o que e quais são os pontos positivos e negativos referentes a essa mudança?

**NP –** Eu vejo a evolução do diálogo de equidade racial nas organizações, principalmente porque as pessoas podem e devem ocupar os espaços que elas quiserem. Tenho notado avanços, acompanhado feiras de empregabilidade para profissionais negros, fóruns. As empresas estão envolvidas e realmente têm trabalhado essa agenda. No Carrefour não é diferente. Eu realmente acredito na força empresarial para a mudança desse cenário e na promoção da equidade racial.

**MP –** Que dicas o senhor daria para quem quer começar a trabalhar a questão racial em sua empresa?

**NP –** Uma boa prática que funcionou para nós, no Carrefour, foi inicialmente termos feito o diagnóstico de qual era o nosso cenário de inclusão na empresa. A partir disso, estabelecemos objetivos muito claros de onde queríamos chegar. Assim, fomos criando ações afirmativas, desde 2012, para avançarmos com a cultura do respeito e igualdade de oportunidades às pessoas negras.

**MP –** O senhor é dirigente de uma empresa global. Quantos CEOs negros conhece no mundo corporativo brasileiro e no cenário mundial?

**NP –** Eu conheço poucas pessoas negras que sejam CEOs de empresas aqui no Brasil, e é um fator de alerta para as nossas organizações. No entanto, uma grande referência, e neste sentido podemos destacar a interseccionalidade da diversidade, é a Rachel Maia, uma mulher negra.

**MP –** "No Brasil não tem racismo", "isso é coisa que querem trazer para cá", "assim que o negro estudar e lutar, ele vai chegar lá", essas frases ainda são muito comuns no meio corporativo. Como responder a cada uma dessas indagações?

**NP –** Insisto que temos que trabalhar diariamente a cultura do respeito, para ressignificar o que foi aprendido e falado até agora. Só assim evitaremos esse tipo de questionamento nas organizações. Outro caminho é evidenciar o racismo trazendo números, dados históricos da desigualdade e promover o letramento racial dos colaboradores, com o objetivo de sensibilizar todos para o tema.

**MP –** Nesses tempos tenebrosos em que vivemos, com pandemias, fugas de capitais e investimentos, recessão e pouca liderança política no Brasil, que futuro o senhor vê para o tema da igualdade racial em nosso país?

**NP –** Eu acredito que as organizações que verdadeiramente trabalham e fazem viver a cultura do respeito e igualdade de oportunidades, tendo isso como um dos seus valores, não têm como regredir, é um caminho sem volta. E, com certeza, julgo ser o caminho certo. É preciso manter a agenda de inclusão ativa, é preciso dialogar, é preciso lançar luz sobre as questões raciais e encontrar oportunidades para avanços.

**MP –** O que o senhor não recomendaria de forma alguma para uma liderança que queira iniciar um processo de inclusão racial na própria empresa?

**NP –** Acredito que todas as formas são válidas para a inclusão racial nas organizações, desde que fundamentadas no respeito. Cada empresa deve entender o seu cenário e iniciar a jornada. Na verdade, vou reforçar aqui o que eu recomendo: um bom caminho é tornar-se signatário de fóruns que dão diretrizes norteadoras para avançar o tema da equidade racial. Além disso, é importante definir quais são as estratégias e metas que as organizações querem alcançar. Definida a estratégia, o passo seguinte é criar ações afirmativas que vão suportá-la. Outro ponto importantíssimo é trazer toda a organização para a construção dessa agenda, isso é fundamental. Todos devem ser protagonistas dessa mudança. Dicas valiosas são bem-vindas, como compartilhar as ações afirmativas, comemorar as conquistas e os avanços internos na equidade racial.

**MP –** O que acha que é necessário para que mais negros cresçam profissionalmente nas empresas?

**NP –** É preciso de fato promover a inclusão, acelerando os programas de porta de entrada, por meio de treinamentos e capacitações específicas e proporcionar o acolhimento interno e a sensibilização de toda a organização.

**MP –** Por que o senhor acha importante se engajar na luta antirracista?

**NP –** Eu acredito que seja importante estarmos todos na luta antirracista para a construção de uma sociedade mais justa e igualitária, com valorização da diversidade e igualdade de oportunidades para todas as pessoas. Uma sociedade justa é baseada e firmada no respeito. E as organizações podem ser um fator propulsor para essa mudança. Como mencionei anteriormente, todos são fundamentais e protagonistas nesta transformação.

# AÇÕES AFIRMATIVAS NAS EMPRESAS

Publicado por Maurício Pestana na revista *IstoÉ Dinheiro*, em 20/09/16.

Existem três formas muito objetivas de se fazer ação afirmativa nas empresas. Elas podem ser utilizadas para melhorar o desenvolvimento econômico, social e a produtividade no ambiente de trabalho. Algumas organizações já identificaram o caminho e estão viabilizando processos que colocam em prática ações focadas na inclusão do negro no mundo corporativo.

A primeira forma é ação afirmativa dentro das suas próprias estruturas organizacionais. Isso significa a adoção da ação afirmativa a partir dos mecanismos que melhorem a operacionalização do negócio, como por exemplo, a colocação, no quadro funcional, dos negros, mulheres, pessoas portadoras de deficiência em cargos e posições de destaque. Isso auxilia muito as corporações a entender um pouco sobre o público para o qual muitas vezes ela direciona os seus produtos.

Outra forma de fazer ação afirmativa é com relação à cadeia de fornecedores, prática muito comum nos Estados Unidos e que está sendo utilizada por algumas instituições, inclusive no setor financeiro no Brasil, que há algum tempo conta com essa política. Assim, é possível a contratação de fornecedores mulheres ou negros. No caso dos norte-americanos, também dos latinos, o que eles chamam de ação afirmativa para as comunidades de minoria. Existem, inclusive, associações fortes dessas minorias, principalmente de negros, como é o caso da National Minority Supplier Development Council (NMSDC, na sigla em inglês), que atua junto a vários empregadores sob esta abordagem.

A terceira e fundamental forma de trabalhar a ação afirmativa é por meio de patrocínio a iniciativas voltadas para as questões de gênero e raça. O apoio a eventos de cultura erudita em nosso país sempre foi muito comum por parte das grandes empresas, recebendo atenção especial dos grandes patrocinadores. Mas quem administra, consome e, muitas vezes, atua nesses eventos culturais não faz parte dos grupos historicamente excluídos.
E, mesmo sabendo que a cultura negra é muito forte e presente no Brasil, considerando as grandes festas populares, folclore e carnaval, observamos pouco patrocínio para essa vertente.

Hoje algumas empresas já começam a ter um olhar para esse mercado e fazem pesquisas e investimentos, por exemplo, em comunidades periféricas onde a maioria dos moradores, por questões históricas, são negros. Existe também um olhar diferenciado por parte de algumas companhias nas decisões sobre destinação de verbas de patrocínio para eventos que têm como proposta a inclusão social. Isso significa promover um desenvolvimento econômico muito mais saudável e mais participativo com o envolvimento de todos os setores da sociedade, principalmente aqueles que são mais discriminados.

# MARCOS SAMAHA

Marcos Samaha é CEO do grupo Tenda Atacado no Brasil e em Angola. Tem experiência em liderança executiva de grandes varejistas como Walmart, Grupo Pão de Açúcar e Tenda, e atualmente exerce o cargo de conselheiro de administração da Poupafarma. É graduado em psicologia pela Universidade de Taubaté (1989) e mestre *stricto sensu* em administração de empresas pela Universidade Presbiteriana Mackenzie (2016), onde hoje cursa o doutorado em administração de empresas e dá aula como professor convidado.

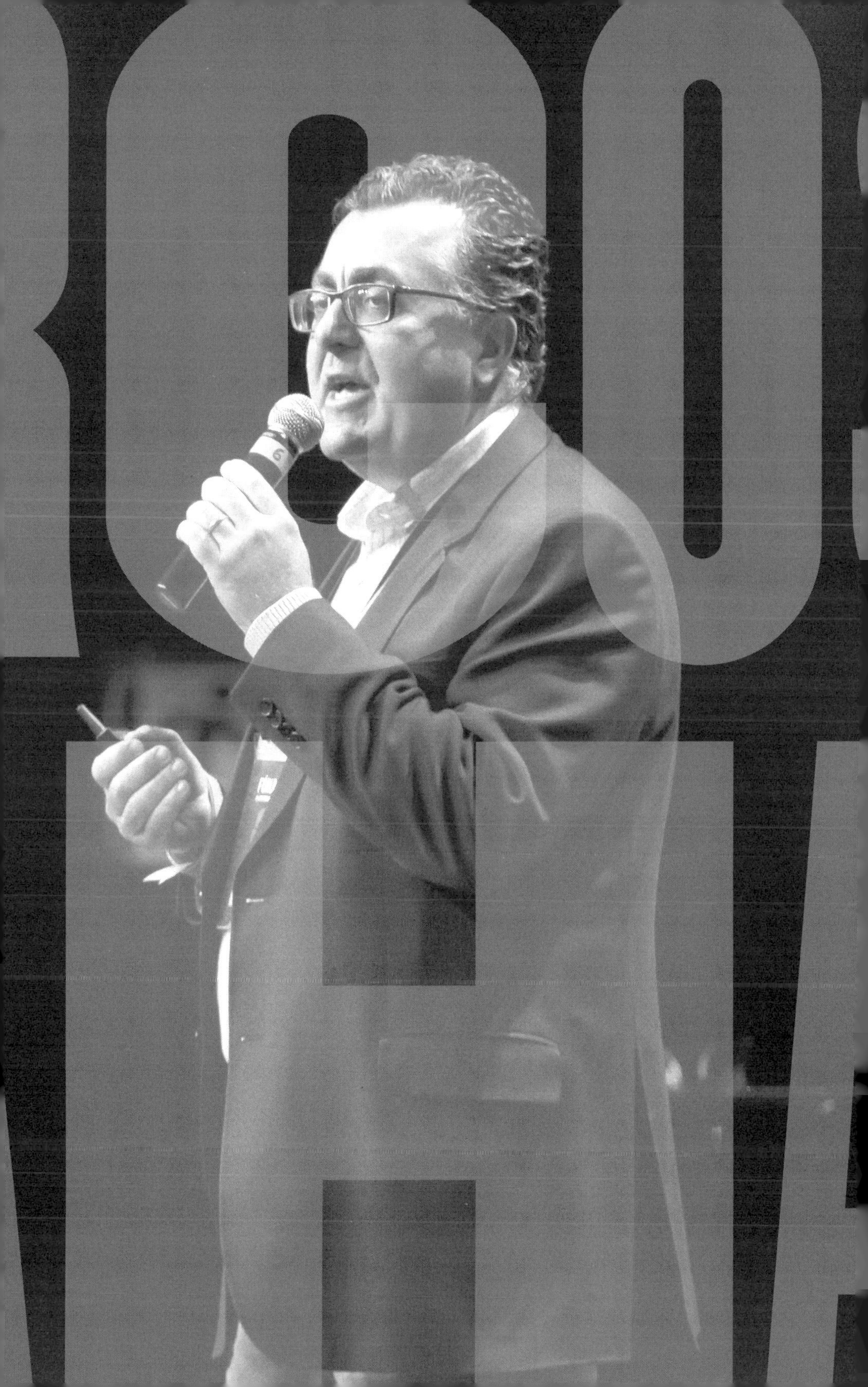

MARC
AHA
MA

Entrevista concedida em 7/07/2020.

**MAURÍCIO PESTANA –** O senhor é dirigente de uma das maiores redes atacadistas do país e me parece muito atento à questão racial brasileira. Como esse tema chegou até o senhor?

**MARCOS SAMAHA –** Minha primeira experiência objetiva com a questão racial foi enquanto atuava como executivo de uma multinacional americana que levava muito a sério a questão da inclusão da diversidade, promovendo sensibilizações sobre vieses cognitivos e microiniquidades do dia a dia. Isso por volta de 2005, quando o tema da diversidade estava ainda muito pouco em voga nas empresas no Brasil.

Depois, no meu mestrado acadêmico, entre 2014 e 2016, entrei em contato de forma mais profunda com a disciplina de diversidade e inclusão, com diversos autores acadêmicos, que levaram o entendimento da questão a um nível bem mais profundo e científico. Poderia citar aqui autores como Taylor Cox, Stella Nkomo, Stephanie M. Wildman, Michàlle Mor Barak e Kimberlé Crenshaw.

Depois tive um momento marcante, quando em um *summit* de liderança assisti a uma palestra com Bryan Stevenson, advogado, ativista e fundador do movimento Equal Justice

Initiative. Esse cara me sensibilizou ao me fazer enxergar o quanto o racismo é uma grande injustiça, uma grande deficiência de caráter do ser humano, em especial das classes dominantes brancas.

Em contato com esses autores, e passando a entender meu privilégio branco no contexto do racismo estrutural, decidi seguir para o doutorado e me aprofundar mais na questão do racismo nas organizações, pesquisando o tema no Brasil.

**MP –** Em sua trajetória escolar e profissional, consegue se lembrar da quantidade de negros ou negras que fizeram parte do seu ambiente? Eles estavam em pé de igualdade, tiveram a ascensão que o senhor teve?

**MS –** Sou de Pindamonhangaba, no interior de São Paulo. Do jardim da infância à 8ª série do ensino fundamental, estudei em escola pública, que era um ambiente com várias classes sociais, brancos e negros. Tive colegas de sala negros, não saberia dizer quantos, mas provavelmente um terço da turma.

Já na faculdade era zero. A faculdade é um funil estreito para o profissional negro. Hoje, com as ações afirmativas e cotas raciais, esse panorama está felizmente mudando, mas na minha época a faculdade era um ambiente "normalizado" branco. Não tive nenhum colega negro na faculdade, e tive apenas uma professora negra ao longo dos cinco anos do curso de psicologia.

Na carreira, os negros passaram a ser muito poucos, em especial em posições de liderança sênior. No varejo há vários profissionais negros nas áreas operacionais, que conseguem construir uma carreira, começar em funções de base e chegar a gerente de loja, a gerente regional, mas sempre em funções operativas. Nas diretorias, tive apenas um colega de trabalho negro em toda minha trajetória.

**MP –** "No Brasil não tem racismo", "isso é coisa que querem trazer para cá", "assim que o negro estudar e lutar, ele vai chegar lá", essas frases ainda são muito comuns no meio corporativo. Como responder a cada uma dessas indagações?

**MS –** O Brasil é um dos países mais racistas do planeta, e com o pior tipo de racismo, aquele que muitas vezes é sutil, disfarçado, que evita ser identificado, uma vez que é crime. Vivemos a herança de uma cultura escravocrata, em que o negro era mercadoria, um sub-humano, sem direito a nada. E as raízes da cultura brasileira são profundamente racistas — o racismo está nas bases, nas estruturas: nos hospitais, na habitação, na escola, no bairro de origem, na maternidade, na nutrição. No mercado de trabalho isso fica escancarado. Vemos pouquíssimos negros ocupando cargos de liderança nas diretorias e nos conselhos de administração das empresas, e as nacionais são as piores. As empresas estrangeiras ainda conseguem ter algum grau pequeno de sucesso em seus programas de diversidade, mas entre as nacionais são raros os casos de empresas que têm um programa efetivo.

Como responder ao ideólogo da meritocracia? Olha, é difícil convencer o privilegiado branco de que ele está onde está, em grande parte, por ser um privilegiado. É uma questão de conscientização, de aprendizado como ser humano. De um lado está a consciência, raramente atingida. De outro está uma ideologia fortíssima, a da meritocracia, que ensina às pessoas o que pensar e o que falar, e o reprodutor da ideologia repete algo como sendo sua crença, sua fé, mal sabendo que é um mero repetidor de uma ideologia que nele foi incutida pela educação, em casa, na escola e na empresa.

**MP –** Por que o senhor acha importante se engajar na luta antirracista principalmente dentro das empresas?

**MS –** Porque é o justo. Porque o racismo é a maior das injustiças de nossa sociedade, e é nas empresas que ele impede os profissionais de se realizarem, de construírem suas carreiras, ganharem o sustento e a ascensão de suas famílias.

Combater o racismo de forma ativa é a forma de contribuir para construir uma sociedade menos injusta. É utopia? Sim, é lento demais, é muito frustrante, mas o que seria o mundo de hoje sem visionários utópicos como Nelson Mandela e Martin Luther King Jr.? De alguma maneira, a sociedade ocidental, que ainda tem muito a evoluir, evoluiu algo, um pouco, graças às lutas antirracistas lideradas por esses utópicos.

**MP –** Nesses tempos tenebrosos em que vivemos, com pandemias, fugas de capitais e investimentos, recessão e pouca liderança política no Brasil, que futuro o senhor vê para a igualdade racial em nosso país?

**MS –** Como falei, o processo é muito lento e frustrante. Mas não podemos parar. Vejo aumentar aos poucos o número de conscientes, ou melhor, de aliados, líderes brancos que se engajam na causa.

Espero ainda ver o dia em que não serão contadas mais piadinhas racistas idiotas e supostamente inocentes em rodinhas de homens brancos. Não aceito e não convivo com pessoas que não entendem que esse modo de ver o mundo, essa visão típica do supremacista branco, que se julga superior, não dá mais.

Mas infelizmente tem uma parte da população que não vai evoluir mesmo, que elege seus líderes políticos não por serem iludidos por eles, mas "conscientemente", por terem uma mentalidade que ficou paralisada na década de 1960, no Brasil da democracia racial.

Nesse sentido, os políticos são oriundos da sociedade. E essa sociedade dominante é branca, é conservadora, é privilegiada, é racista, e não está disposta a abrir mão de seus privilégios.

E isso vale para todos os ambientes, nos palácios da Justiça, no Congresso, nos poderes executivos federal, estaduais e municipais, na sala dos professores das universidades, nas salas de reunião dos conselhos das empresas brasileiras etc.

Em suma, não vejo um futuro promissor para a igualdade racial no Brasil, uma mudança rápida. Ela é lenta. E além de lenta, de 2018 para cá isso só piorou. Mas imagino Nelson Mandela dentro do cárcere por 27 anos, e ele não perdeu a esperança. A resiliência tem que estar na essência dos utópicos.

**MP** – O que o senhor não recomendaria de forma alguma para uma liderança que queira iniciar um processo de inclusão racial na própria empresa?

**MS** – Fazer a promoção da diversidade para ficar bonito na foto, para aparecer no jornal, para fazer marketing, essa é a motivação errada, isso é *diversity washing*. As empresas e seus líderes devem ter uma única motivação, que é fazer o que é justo. Tudo mais vem como efeito colateral. Recomendo em primeiro lugar entender sua motivação.

**MP** – O que acha que é necessário para que mais negros cresçam profissionalmente nas empresas?

**MS** – Essa é a pergunta mais difícil de todas. Mas temos que começar de algum lugar. Programas de *trainees*, recrutamento e seleção cegos, ações afirmativas nas empresas, *mentoring*, programas de estágio, todas são ações interessantes que algumas empresas estão fazendo, com métricas, com metas. Mesmo assim, é uma mudança muito lenta. Parcerias com universidades deveriam ser um caminho a ser explorado. Mas se queremos ver alguma mudança concreta, precisaríamos fazer em todas as empresas, o que não é a realidade. Há algumas mais avançadas, outras começando, e muitas outras que nem têm a intenção de começar.

**MP –** A luta antirracista e por maior igualdade racial no ambiente corporativo tem preço, precisa de investimento financeiro. O senhor consegue precificar o investimento?

**MS –** Precisa de investimento financeiro, sim, precisa de assessoria especializada; se cada empresa for começar do zero, o processo é muito lento. O recomendável é trazer *experts* que tenham capacidade de acelerar o processo de inclusão da diversidade, e sobretudo da diversidade racial, que é, de acordo com todas as pesquisas, a que menos avança e a que menos possui iniciativas efetivas nas empresas.

Mas por que será que a diversidade racial é a que menos avança, a que menos possui iniciativas dentro das empresas que têm algum programa de diversidade?

Acho que aqui estamos falando de algo muito maior que investimento financeiro, pois depende de consciência. E no caminho para alcançar essa consciência há a barreira fortíssima do racismo estrutural, que permeia as culturas das empresas de forma normalizada, naturalizada, invisível e, logo, impossível de combater sem conscientização.

**MP –** O que o senhor acha das cotas raciais?

**MS –** Sou totalmente a favor, na educação, nas empresas, no funcionalismo público, no Poder Judiciário, no Congresso, nas Forças Armadas etc.

A ideologia da meritocracia prega a falácia de que todos devem se esforçar para conquistar algo e defende o princípio da igualdade de direitos. Ora, mas que igualdade de direitos? Que meritocracia? Se o ponto de largada dessa corrida é estruturalmente e profundamente desigual?

As cotas dão tratamento desigual a pessoas profundamente desiguais. É uma forma de corrigir as injustiças estabelecidas em cinco séculos. Hoje temos ainda apenas 20% de universitários negros, mas antes das cotas eram muito menos.

**MP –** O que o senhor diria para um jovem negro que sofre todas as mazelas de uma sociedade racista e ingrata como a nossa, mas que sonha chegar ao topo, ao cargo de CEO em uma grande empresa como a sua?

**MS –** Que a batalha vai ser muito árdua. É árdua para homens brancos. É muito árdua para mulheres brancas. Para homens negros é dificílimo e, em especial para mulheres negras, é uma luta incrível. Quantos CEOs negros temos no Brasil? Mas que esse jovem negro se lembre de Mandela encarcerado por 27 anos, e continue lutando, até o fim.

**MP –** Alguma outra colocação que gostaria de contar?

**MS –** Sou branco, sou privilegiado, me beneficiei estruturalmente do racismo existente na sociedade, e não quero aceitar isso como normal para mim, para meus filhos e para as próximas gerações.

O privilégio é anormal, os restaurantes só de clientes brancos são anormais, as salas de aula das escolas da elite, só com crianças brancas, não são normais. E não fazer nada a respeito é ser omisso, é aceitar seu privilégio, é ser racista.

A luta é demorada, é frustrante, é inglória, mas o que fazer se não lutar?

# ANDREIA DUTRA

Andreia Lacerda Dutra é formada em nutrição pela Universidade Federal de Pelotas (RS) e tem MBA em gestão empresarial pela Fundação Getúlio Vargas. É presidente da Sodexo On-site Brasil e conduz o Comitê Executivo da região. Com os demais executivos do comitê, orienta as equipes para impulsionar o crescimento sustentável da empresa. Também ocupa a posição de presidente do Instituto Stop Hunger Brasil – instituição independente, sem fins lucrativos, que atua dentro do ecossistema da Sodexo realizando ações e campanhas sociais na luta de combate à fome e à má nutrição. Integra ainda o Conselho da Pronep – empresa líder no mercado de fornecimento de serviços de *home care* no Brasil, que foi adquirida pelo Grupo Sodexo para a expansão da marca no mercado brasileiro.

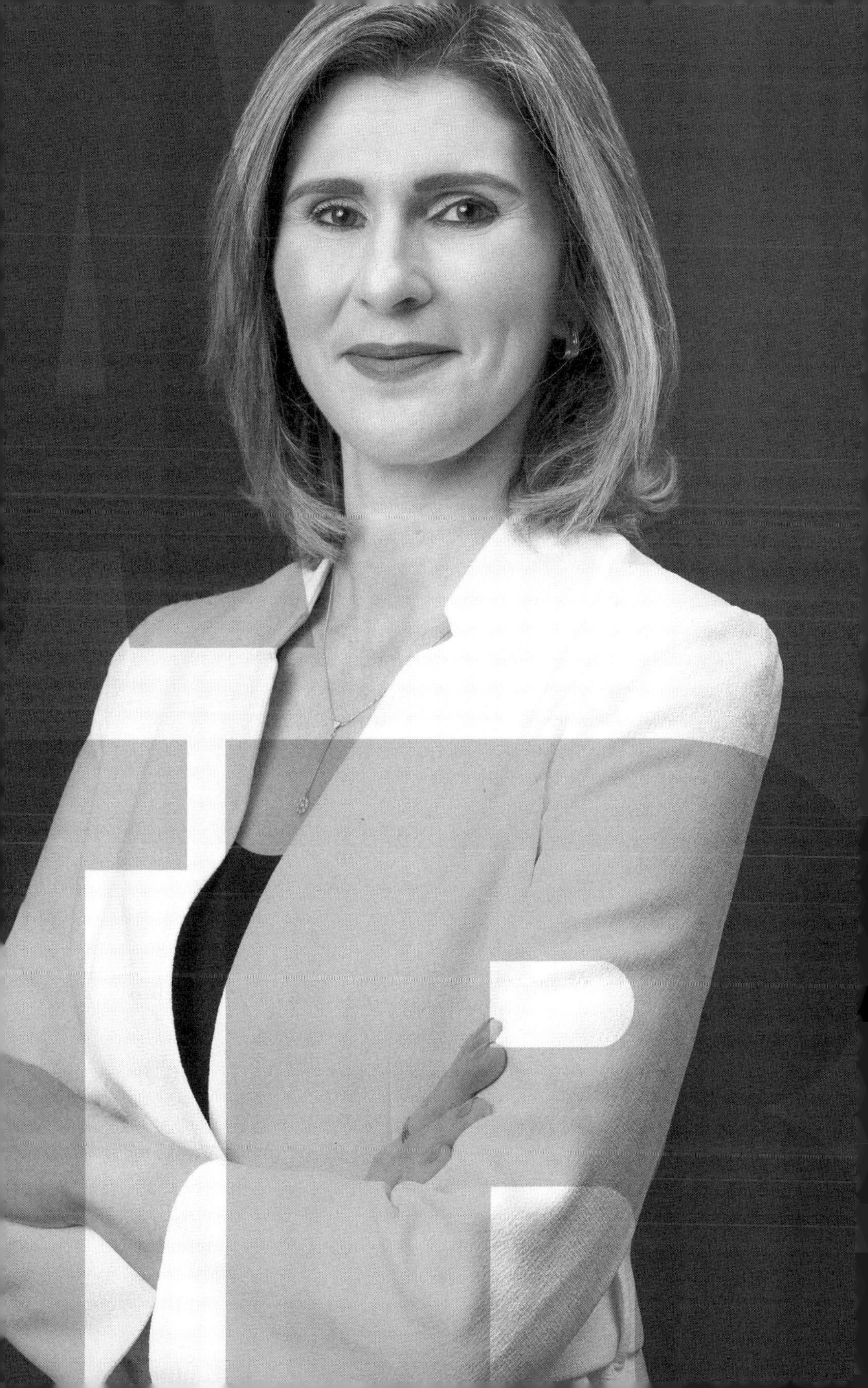

Entrevista concedida em 14/08/2020.

**MAURÍCIO PESTANA –** Como mulher e à frente de uma grande empresa, a senhora deve ter alguma experiência no quesito discriminação. Se teve, como superou e que lições tirou e tira desse problema?

**ANDREIA DUTRA –** Eu me sinto privilegiada por trabalhar em uma empresa como a Sodexo, que valoriza verdadeiramente a diversidade. Isso faz parte da nossa estratégia de negócios. Nunca vivenciei nenhuma experiência de discriminação ou preconceito que tenha me marcado profundamente durante o meu desenvolvimento de carreira na Sodexo. Presenciei um diálogo promovido pela Sodexo entre homens e mulheres do mundo todo em relação aos vieses inconscientes com exemplos vividos, e foi algo bastante marcante para mim porque percebi como os vieses ainda estão presentes de maneira muito forte, dificultando o avanço no tema mundialmente, não somente na nossa realidade no Brasil. Fiquei satisfeita e inspirada a continuar com as ações afirmativas necessárias para mudarmos essa realidade.

Em relação à igualdade de gênero, o mundo avançou pouco, ainda temos um percentual baixo de mulheres em cargos de liderança e, quando falamos em interseccionalidade, os números são ainda menores, como é o caso de mulheres negras em cargos de CEO, por exemplo.

Tive contato com o preconceito e as dificuldades quando ingressei no mercado de trabalho e conheci outras mulheres que ocupavam cargos de liderança. Ouvir suas histórias e desafios me ensinou muito e me fez perceber o quanto eu poderia contribuir para a diversidade como gestora, ajudando outras mulheres a buscarem os seus sonhos e conquistarem seus espaços. Afinal, não podemos esperar 217 anos para que a igualdade de gênero aconteça, conforme prevê o Fundo Monetário Internacional.

As principais lições que aprendi é que precisamos falar sobre isso e precisamos ter ações concretas e afirmativas para mudar essa realidade. Essa questão é importante para toda a sociedade, precisamos incluir os homens nessa conversa.

**MP –** Vocês na Sodexo trabalham com metas, números...? Enfim, tecnicamente, como atuam na promoção da igualdade racial na empresa?

**AD –** A Sodexo atua globalmente em prol da diversidade e inclusão em todos os níveis hierárquicos, com foco em criar uma cultura que englobe as diferenças e celebre ideias, perspectivas e experiências únicas.

Contamos com uma Diretoria Mundial de Diversidade e Inclusão, que define as estratégias nos pilares que trabalhamos, conectados com as necessidades dos negócios, e garante que as iniciativas sejam implementadas nos países onde a Sodexo atua. No Brasil, temos uma área específica para a gestão das diversas ações que englobam os cinco pilares de atuação: Cultura e origens, Gênero, Gerações, Pessoa com deficiência e Orientação sexual e Identidade de gênero.

Nossos projetos e ações voltados à inclusão na companhia datam de mais de uma década, e estão em constante evolução, pois sabemos que investir em ações e programas que trazem oportunidades de capacitação e crescimento profissional é fundamental para estimular uma cultura inclusiva no mercado de trabalho e na sociedade como um todo.

Fazer a gestão com base nos números é fundamental. Hoje, a Sodexo tem 56% de colaboradores que se declaram negros (pretos e pardos), sendo que 33% ocupam posições de liderança. Mas sabemos que ainda temos um grande caminho pela frente, sobretudo na alta liderança. Por isso o pilar Cultura e origens está na agenda prioritária de crescimento da companhia.

Nesse pilar trabalhamos ações voltadas para a comunidade negra e para os refugiados, que vêm de países africanos como Congo e Angola e do Haiti, e a maioria é negra.

O grupo global ONESodexo trata de todos estes assuntos de raças e etnias. Aqui no Brasil, organizamos um comitê chamado ONESodexo Brasil, o qual trata de forma específica a abordagem racial, trazendo informação, treinamentos, fazendo mentorias, entre outras iniciativas que vemos serem fundamentais para apoiar nossos colaboradores.

Recentemente, criamos um programa de mentoria para os nossos colaboradores negros, com o objetivo de apoiar o desenvolvimento e o crescimento desses profissionais dentro da empresa.

Além disso, também temos inúmeras parcerias com redes e organizações voltadas para diversas frentes, como equidade de gênero, relações de trabalho intergeracionais, oportunidades para pessoas com deficiência, ambiente de trabalho inclusivo para negros, comunidade LGBTQI+ e refugiados. Essas parcerias são parte importante na nossa estratégia de ampliar a discussão sobre o tema, pois quando falamos de pessoas, deveríamos considerar falar de interseccionalidade. O termo interseccionalidade foi utilizado pela primeira vez em 1991, por Kimberlé Williams Crenshaw — uma jurista afro-americana, feminista, especializada nas questões de raça e de gênero — em uma pesquisa sobre as violências vividas pelas mulheres de cor nas classes menos favorecidas nos Estados Unidos. Tinha como proposta "levar em conta as múltiplas fontes da identidade". Ou seja, podemos falar de negra, mulher, refugiada e também portadora de uma deficiência, por exemplo.

**MP –** Como dirigente da Sodexo, a senhora tem contato direto com outros CEOs. Quantos negros a senhora conhece no cargo de CEO no mundo corporativo brasileiro e no cenário mundial?

**AD –** Conheço a Rachel Maia, hoje CEO da Lacoste, ex-CEO da Pandora, que esteve conosco em um de nossos encontros de liderança feminina, evento interno que realizamos quatro vezes ao ano para todas as nossas lideranças e clientes. Tivemos a oportunidade de escutar a trajetória dela, e isso inspirou muitas mulheres.

Acompanho outros profissionais negros em cargos de liderança pelo LinkedIn, porém ainda são poucos. A pesquisa do Instituto Ethos, realizada com as quinhentas empresas de maior faturamento do Brasil, indica que apenas 4,7% dos cargos executivos são ocupados por profissionais negros, o que indica que temos um importante trabalho pela frente.

**MP –** "No Brasil não tem racismo", "isso é coisa que querem trazer para cá", "assim que o negro estudar e lutar, ele vai chegar lá", essas frases ainda são muito comuns no meio corporativo. Como responder a cada uma dessas indagações?

**AD –** Para mim, "contra dados e fatos não se tem argumentos". A resposta está nos números. Se de fato não somos racistas, por que apesar dos negros já serem maioria nas universidades — refletindo a realidade da nossa sociedade, em que eles correspondem a mais de 50% da população — continuamos com um percentual baixo de negros no mundo corporativo, principalmente em cargos de liderança?

A questão da discriminação racial não é apenas um posicionamento moral ou individual, mas sim estrutural da nossa sociedade. É um problema mais profundo, que trazemos muitas vezes em nosso dia a dia por um viés inconsciente.

Por isso, primeiro devemos nos autoanalisar, ter consciência de que somos privilegiados, e entender que, com frequência, muitas de nossas ações refletem o que vivenciamos ou aprendemos durante toda a vida, seja com nossa família, com nossos pais, amigos ou na escola. Devemos enxergar e refletir sobre aquelas "pequenas" agressões que, mesmo com a melhor das intenções, podem ser ofensivas e machucar outra pessoa. Quando conseguimos reconhecer que nossas palavras importam, elas nos abrem as portas para que possamos superar esses deslizes, usar as palavras e nossas atitudes para criar ambientes inclusivos, em que as pessoas possam se sentir valorizadas e pertencentes.

E temos que ouvir as pessoas, pois essa é a melhor inclusão que podemos fazer. Devemos estar perto e abrir espaço para discutir entre os colegas que tenham raça, etnias e bagagem cultural diferentes das nossas, perguntar se, na visão deles, o ambiente de trabalho honra com a sua identidade e as suas experiências e o que eles esperam ver. E é fundamental que comecemos a analisar as nossas políticas e procedimentos internos, se alcançam a todos e se têm algum viés que não percebemos. Só teremos evolução se tivermos ações concretas direcionadas para a diversidade.

**MP –** Desde que começou a lidar com a questão racial na sua empresa, o que mudou nela e na senhora neste quesito?

**AD –** A diversidade em geral, incluindo a questão racial, é muito importante para refletir a sociedade em que vivemos, e entendermos nossos clientes e consumidores é fundamental para nós. Para mim, é uma alegria imensa ver as ações que temos adotado se refletirem no dia a dia nas nossas unidades. Nossa pesquisa de engajamento, realizada com todos os colaboradores, apontou que 81% deles consideram que os valores da Sodexo estão alinhados com seus valores pessoais e 89% dos times apoiam a diversidade em todos os seus pilares dentro da Sodexo (dois pontos a mais em relação ao resultado da pesquisa anterior).

Além disso, fizemos um censo no início de 2020 com os nossos colaboradores, e o resultado no quesito racial foi que 81% dos colaboradores negros acreditam que a empresa acolhe totalmente a diversidade racial.

Sinto que temos uma dívida muito grande com a população negra de nosso país; é um passado que não podemos mudar, mas podemos mudar o futuro com as nossas ações. Somos responsáveis como empresa, mas também como seres humanos para fazer essa mudança acontecer, e a principal mudança pessoal em mim foi a ampliação da minha visão sobre o tema. Temos que estar abertos a aprender sempre, eu continuo nessa jornada.

**MP –** O que a senhora não recomendaria de forma alguma para uma liderança que queira iniciar um processo de inclusão racial na própria empresa?

**AD –** Deixar de dar voz aos colaboradores negros e de debater sobre o tema. Temos que estar abertos a aprender sempre com nossa diversidade; eles com certeza sabem melhor do que nós o caminho a percorrer e que ações serão mais efetivas.

**MP –** Que dicas a senhora daria para quem quer começar a trabalhar a questão racial em sua empresa?

**AD –** Para mim, há três principais pontos:

1. A liderança, que deve estar convicta do propósito de começar um programa de inclusão, seja qual for. O engajamento da alta liderança é chave, pois ele que inspira os demais líderes da empresa. Devemos ser o exemplo.
2. Implementar políticas claras de inclusão e avaliar os números: analisar onde estamos, ter debates sobre o

tema entre os colaboradores e manter uma comunicação transparente. Contratar apenas para mostrar que temos diversidade ou cumprir uma cota não é inclusão.
3. Cultura: a cultura de inclusão se faz com o tempo, é uma jornada. Por isso devemos compartilhar histórias positivas, dar voz aos nossos colaboradores, trazer os temas à mesa, estar confortável com o desconforto, pois será algo que teremos que vivenciar para avançar.

Além desses pontos, sempre falo que o mais importante é começar, não ter medo. Começar o nosso trabalho de inclusão, ainda que seja com uma pessoa.

**MP –** Quais foram as maiores dificuldades que a senhora começou a abordar para tratar a questão racial na sua empresa?

**AD –** Ter políticas claras e efetivas de inclusão, pois para isso é necessário construir uma jornada interna nas empresas. Na Sodexo Brasil, o processo de inclusão tem sido uma jornada de mais de dez anos e, mesmo assim, aprendemos e evoluímos todos os dias para garantir ambientes mais igualitários.

O maior desafio é investir cada vez mais em iniciativas e parcerias que gerem uma cultura inclusiva dentro e fora da empresa, para que no futuro não sejam necessárias ações afirmativas para garantir a inclusão e a diversidade no mercado de trabalho.

**MP –** Nesses tempos tenebrosos em que vivemos, com pandemias, fugas de capitais e investimentos, recessão e pouca liderança política no Brasil, que futuro a senhora vê para a igualdade racial em nosso país?

**AD –** Sou uma pessoa positiva com relação ao futuro, porque acredito nas pessoas e no potencial de cada um em contribuir para termos um mundo inclusivo, mas é importante conhecer e entender a nossa realidade.

Poderíamos dizer que de alguma forma o mundo despertou para este tema após a morte de um cidadão negro nos Estados Unidos nas mãos da polícia, e as empresas começaram a colocar este tópico nas agendas. Se antes existia, foi reforçado; e se não existia, as empresas começaram a pensar em ações. Além disso, muitas instituições e ONG's estão se mobilizando e promovendo ações de combate à discriminação racial, destacando a necessidade de denunciar casos de preconceito.

Aqui no Brasil também percebemos a movimentação de muitos CEOs que se pronunciaram sobre o tema e muitas empresas que reforçaram o seu posicionamento. Esse é um momento importante para mantermos essa pauta e juntos (iniciativa privada, governos e sociedade em geral) pensarmos em ações concretas para evoluirmos nessa questão. Não podemos conviver com a realidade que temos hoje como se nada estivesse acontecendo. Só para citar um exemplo, a população negra brasileira tem 2,7 mais chances de ser vítima de assassinato do que os brancos, segundo o Informativo de Desigualdades Sociais por Cor ou Raça no Brasil, IBGE 2019. E sete em cada dez pessoas assassinadas são negras, segundo a ONU Brasil. Todo esse cenário em que vivemos só reforça a necessidade de ações concretas. Cada indivíduo pode e deve fazer sua parte, porém juntos faremos mais.

**MP –** Para preparar uma liderança em um cargo estratégico em uma empresa, três passos são fundamentais: a contratação, a manutenção e o investimento nessa liderança e, o principal, a promoção. Onde a senhora consegue ver mais dificuldade neste tripé?

**AD –** De fato, as três vertentes são de grande importância, mas, para mim, investir no desenvolvimento das pessoas é essencial e também o nosso maior desafio. Por isso estamos investindo no nosso programa de mentoria, pois acreditamos que terá um grande valor para nossos colaboradores. Trabalhar na autoconfiança, no preparo, buscando a equidade.

Na Sodexo, temos uma política de contratação que não permite qualquer tipo de discriminação. Adotamos métodos desde o início na seleção de candidatos a uma vaga para não discriminar nenhuma pessoa por nenhum viés inconsciente. Nosso foco agora nessa jornada é trabalhar a atratividade desses profissionais, algo que conseguimos muito bem, por exemplo, no pilar LGBTQI+.

A retenção de pessoas também é uma parte dessa política que busca assegurar a igualdade de oportunidades nas promoções e na progressão na carreira dos colaboradores, incluindo formação e desenvolvimento profissional, assim como garantir que nenhum colaborador seja discriminado em termos de salário, incentivos ou outras formas de compensação ou remuneração.

**MP –** Os Estados Unidos tem 13% de afro-americanos. No Brasil, nós somos 56%. Na sua visão, por que ainda sendo minoria eles têm um número infinitamente maior de negros em cargos estratégicos nas suas companhias?

**AD –** Na minha visão, essa realidade deve-se à diferença da história do negro nos EUA e no Brasil. Nos EUA, a questão clara da segregação racial e sua superação, a força dos movimentos negros, com uma liderança atuante e com referências como Martin Luther King, a conquista do direito ao voto e ações governamentais para a igualdade de oportunidades fizeram a diferença nessa trajetória. No Brasil, nós tivemos uma extensa luta abolicionista, não tivemos nenhuma liderança de peso devido às características mais autoritárias e paternalistas nas relações sociais e políticas, e vivemos um racismo velado.

Acredito que a educação é fundamental no processo de mudança desta realidade.

Hoje, temos a necessidade de criar cotas para ter negros estudando nas universidades, uma iniciativa que entendo como necessária devido à realidade que vivemos, mas que precisa ser acompanhada de ações paralelas. Não vamos avançar dando oportunidades para que os negros possam estudar nas universidades se as empresas não dão as mesmas oportunidades a eles, ou se como sociedade praticamos o racismo. Temos que ter práticas antirracistas e nos perguntar todos os dias: o que estou fazendo para combater o racismo?

Oferecer oportunidades iguais é um grande passo para mudar esse quadro no nosso país, e podemos começar nas empresas, que hoje têm o maior índice de confiança por parte da sociedade, como destacou a última pesquisa Trust Barometer.

**MP –** Alguma outra coisa que gostaria de destacar?

**AD –** Gostaria de destacar três pontos que penso serem muito importantes e que devemos reforçar nesse momento que estamos vivendo, com a confiança de que teremos um Brasil melhor e mais inclusivo, onde todos tenham espaço e que possam contribuir com seu talento individual para o bem coletivo:

1. Encarar o racismo como uma realidade, pois a desigualdade racial tem sido uma marca da sociedade brasileira alimentada por estratégias de subordinação e invisibilidade dos negros durante muitos anos. Precisamos nos indignar!
2. Criar políticas afirmativas de equidade tanto públicas quanto privadas que permitam avançar na inclusão, fortalecendo o movimento pela igualdade racial no Brasil.
3. Tratar o assunto de forma estruturada na agenda de D&I (desigualdade e inclusão) nas organizações e na agenda governamental.

# EMPRESA ANTIRRACISTA

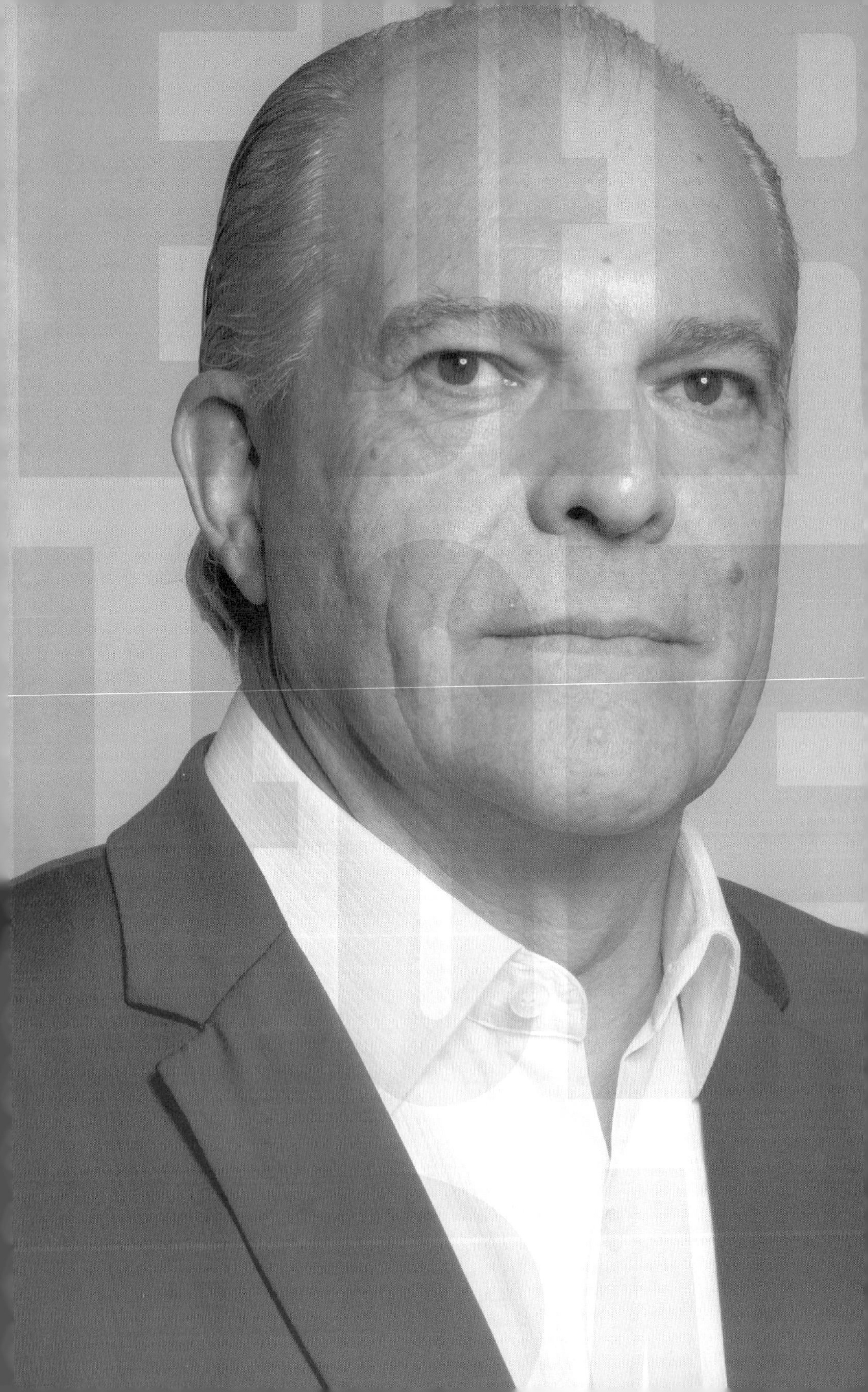

# EDER LEOPOLDO RAMOS

Eder Leopoldo Ramos é um executivo com mais de quarenta anos de experiência na indústria de cosméticos e fragrâncias e há 35 anos trabalha para a Symrise. Atuou em diferentes posições e países como diretor e vice-presidente. Foi presidente da Associação Brasileira de Fragrâncias, Sabor e Óleos Essenciais (AFIBRA), de 2012 a 2014. Há mais de dez anos ocupa a posição de presidente global da Divisão de Ingredientes Cosméticos da companhia alemã. Eder, que tem formação em comunicação social, marketing e química, é ainda membro do Conselho da UEBT (Union for Ethical BioTrade) e do Conselho de Administração da Therapeutic Peptides Corporation (TPI).

# LEOPO
# RAMOS
# EDER

Entrevista concedida em 13/07/2020.

**MAURÍCIO PESTANA –** Quando o senhor começou a perceber que algo estava errado na questão racial?

**EDER LEOPOLDO RAMOS –** Até o momento de cursar o colegial técnico, eu estudei em escola pública. Meus amigos negros, em geral, tinham uma situação econômica muito abaixo da minha, e eu já era de classe média baixa. Depois, na universidade, o impacto foi enorme. Não havia negros!

**MP –** O Brasil tem a segunda maior população negra do mundo. Como mudar essa irrisória porcentagem de 4,6% de participação negra no mercado de trabalho nos cargos de direção? É mais difícil convencer os conselhos de administração das empresas sobre as urgentes mudanças nos cargos de decisões contemplando mais diversidade ou trabalhar com as próprias estruturas de decisão internas, como chefias e subchefias, para que cedam mais espaços para negros e negras?

**ELR –** Educação! Cotas no ensino técnico e universitário, este é o início. Formar negros capazes de competir no mercado de trabalho. Em seguida, programas de inclusão e diversidade nas empresas visando gerar oportunidades para os negros que já estão na organização e mudanças nos departamentos de RH, eliminando o racismo estrutural. Devemos observar os mecanismos que colaboram para que essa estrutura continue criando barreiras e obstáculos invisíveis. Assim, será possível promover oportunidades iguais para todos e todas e, consequentemente, criar uma sociedade mais justa. Por que não discutir cotas nas empresas?

**MP –** O senhor acha que tem mudado ou evoluído a discussão a respeito de ações sobre a presença de negros e negras no ambiente corporativo? Se tem mudado, quais são os pontos positivos e negativos referentes a essa mudança?

**ELR –** Estamos muito longe de atingir um equilíbrio, porém já é notório o aumento de negros na área administrativa ou de média gerência. O problema está na falta de oportunidades e programas específicos que possam ajudar na formação de uma carreira ou promoção. Os negros continuam a ser maioria no "chão de fábrica e limpeza".

**MP –** As cotas raciais ainda causam certa polêmica em nossa sociedade. Qual a sua posição a respeito disso?

**ELR –** Quero ser honesto. No início fui contra. Qual é a diferença entre um negro da periferia e um branco também da periferia? Só após estudar o tema um pouco mais e escutar debates ficou claro que ser branco já é uma enorme vantagem e que o racismo estrutural e institucional não permitia que um negro chegasse às universidades. Sou totalmente a favor das cotas.

**MP –** Que dicas o senhor daria para quem quer começar a trabalhar a questão racial em sua empresa?

**ELR –** Estudar, ler a respeito. Buscar a ajuda de consultores ou de organizações que atuam na área. O tema é complexo e não pode haver erros.

**MP –** Em sua trajetória escolar e profissional, consegue se lembrar da quantidade de negros ou negras que fizeram parte do seu ambiente? Eles estavam em pé de igualdade, tiveram a ascensão que o senhor teve?

**ELR –** Lembro-me somente de um colega negro que chegou à posição de gerente. Incrível! E, é claro, não me lembro de nenhuma negra.

**MP –** O senhor é dirigente de uma empresa global. Quantos CEOs negros conhece no mundo corporativo brasileiro e no cenário mundial?

**ELR –** Nos EUA mantenho contato com vários negros em posições importantes e lembro-me de dois CEOs. Na Nigéria, pude estabelecer contato com vários negros donos de empresas. Porém, na Europa, na Ásia e na América Latina não tive esta oportunidade.

**MP –** O que acha que é necessário para que mais negros ascendam profissionalmente nas empresas?

**ELR –** Iniciar um projeto de inclusão e diversidade, dar voz aos que estão na posição de "fala", estabelecer um comitê étnico-racial. Discutir sobre racismo estrutural e institucional, diversidade e direitos humanos e deixar claro que esses princípios fazem parte da empresa. E que é responsabilidade de todos nós construir uma sociedade melhor e mais justa.

**MP –** Quais foram as maiores dificuldades quando o senhor começou a abordar a questão racial na sua empresa?

**ELR –** O desconhecimento da realidade brasileira; o brasileiro não conhece seu país e sua realidade.

**MP –** "No Brasil não tem racismo", "isso é coisa que querem trazer para cá", "assim que o negro estudar e lutar, ele vai chegar lá", essas frases ainda são muito comuns no meio corporativo. Como responder a cada uma dessas indagações?

**ELR –** Fomos o último país das Américas a abolir a escravidão oficialmente. O Brasil passou por 388 anos de uma história muito além do período de escravização. Não criando políticas de inclusão e integração social para uma população que, até então, era de ex-escravizados e seus descendentes diretos, deixando legados de preconceito, não reconhecimento de direitos e menosprezo por essa população.

**MP –** Desde que o senhor começou a lidar com a questão racial na sua empresa, o que mudou na empresa e no senhor neste quesito?

**ELR –** Iniciamos nosso projeto há aproximadamente um ano. Nossa primeira ação foi fazer uma pesquisa interna com todos os colaboradores e prestadores de serviço e mapear nossa "população". A segunda etapa foi educacional, ou seja, realizamos várias palestras sobre o tema diversidade. Infelizmente o brasileiro conhece pouco sua realidade. Em seguida, estabelecemos um grupo de afinidade étnico-racial que se chama Ubuntu. Sou *sponsor* desse grupo, que tem trabalhado de forma muito intensa. Estabelecemos indicadores de performance e agora estamos trabalhando para realizar mudanças:

- Promover o equilíbrio entre o número de pessoas brancas e negras em nossas equipes.
- Aumentar o percentual de profissionais negros e negras em posições de liderança.

- Garantir representatividade negra em todos os níveis da empresa.

Faço parte do projeto CEOs Legacy, capitaneado pela Fundação Dom Cabral, e estou no grupo ImPacto, que tem como sonho "Inspirar, conscientizar, incentivar e mobilizar o sistema empresarial brasileiro e implantar a gestão da diversidade e inclusão nas organizações, contribuindo para um sistema empresarial mais responsável, em busca de um país mais próspero e justo".

**MP –** O que o senhor diria para um CEO que quisesse iniciar hoje um processo de mudança profunda na própria empresa, visando incluir mais negros e negras em cargos de decisão e representatividade?

**ELR –** Tenha coragem! E esteja à frente do projeto e do processo de mudanças.

**MP –** Gostaria de fazer uma pergunta específica sobre a mulher negra: no debate sobre diversidade e inclusão, há um tema chamado interseccionalidade. Como você vê a situação da mulher negra?

**ELR –** No Brasil, embora as mulheres negras sejam 27% da população, esse grupo social é um dos que mais enfrenta desafios no dia a dia. Isso ocorre porque nós, sociedade, universalizamos a questão do negro nos baseando no homem. E universalizamos a questão da mulher branca, deixando uma lacuna no olhar e em ações de inclusão com foco nas mulheres negras.

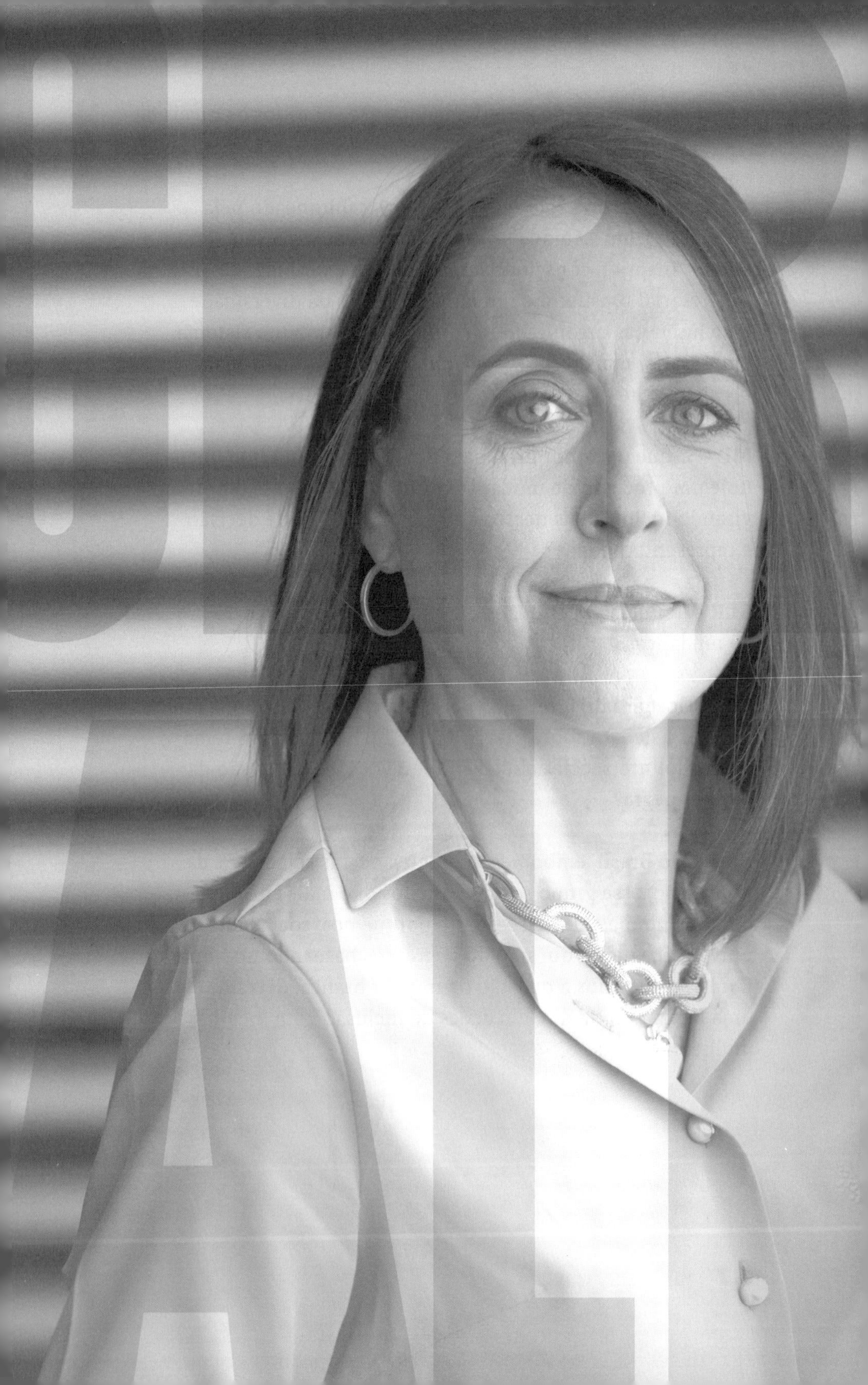

# CRISTINA PALMAKA

Cristina Palmaka é presidente da SAP Brasil desde 2013. Antes de assumir o cargo, nos seus mais de trinta anos de atuação profissional, trabalhou nas multinacionais HP, Philips e Microsoft. Formada em ciências contábeis pela Fundação Armando Álvares Penteado (FAAP), Cristina fez pós-graduação e MBA na Fundação Getúlio Vargas e um curso de extensão na Universidade do Texas. Em 2016, recebeu o prêmio "Executivo de Valor", como CEO do Ano, concedido pelo jornal *Valor Econômico*. Em 2019, foi incluída na lista dos melhores CEOs do Brasil pela revista *Forbes*.

STINA
LMA
CRIS
LMA

Fórum Brasil Diverso 2019.

**MAURÍCIO PESTANA –** Num país como o nosso, em que há tanta desigualdade, como foi o seu despertar para a necessidade de se pensar a questão da diversidade, e especialmente a diversidade racial?

**CRISTINA PALMAKA –** Meu despertar para a questão racial foi mais demorado. Eu falo muito de inclusão de mulheres, e essa é uma jornada que no Brasil já começou há um tempo. Lá fora é um debate muito mais acentuado. Precisamos de anos ainda para alcançar essa equidade. Mas a justiça tem que ser feita. Posso dizer que o "clique" para mim se deu há alguns anos. Sempre achei que todo mundo tinha que trabalhar e batalhar. Vim de escola pública e batalhei, corri atrás. Mas em algum momento ouvi o seguinte: "já que você chegou aqui, tem que ajudar quem está vindo." Então, meu processo de inclusão, lá nos anos 2000, começou com os jovens e as mulheres. Meu papel era meio que chacoalhar: "mulherada, vocês têm que sair da cadeira, ninguém vai vir tomar conta de vocês. Vocês têm que correr atrás."

Falávamos de inclusão de uma forma ampla. Inclusão de autistas, PCDs — fazemos um trabalho muito grande nesse sentido —, LGBTQI+. Trabalhamos a inclusão de uma forma muito forte dentro da SAP, mas, de verdade, só nos últimos dois anos é que começamos a mirar na inclusão racial. Nosso foco inicial foram as etnias, porque a empresa é alemã e achávamos que era mais amplo. Um dia falamos assim: "qual é o problema que temos no Brasil?" Talvez na Europa, nos Estados Unidos ou no Japão seja diferente. Aqui é a inclusão de negros. Então resolvemos focar nela. Temos uma área que olha particularmente para isso. Temos aprendido muito. Em toda reunião aprendemos alguma coisa, estudamos um pouco mais sobre como trazer mais negros para a empresa, onde recrutá-los.

**MP –** Como é esse aprendizado?

**CP –** É conversando. Primeiro sendo humilde e admitindo que não sabemos as respostas. É preciso levantar a discussão, organizar fóruns de aprendizado. Eu aprendo para caramba neles. E também ver o que outras empresas estão fazendo. Começamos com o Theo há uns quatro anos, num projeto conjunto, que é o CEOs Legacy, da Fundação Dom Cabral. Vamos aprendendo. E precisamos ter sempre em mente que não estamos fazendo o suficiente. Estamos muito atrasados, temos que acelerar. Não sou a favor de cotas, mas, em algum momento, tem que ter cota para acelerar. É preciso, acima de tudo, criar oportunidades. Ver onde estão os talentos, buscá-los e recrutá-los em todos os níveis para podermos acelerar essa jornada.

**MP –** Onde estão as maiores oportunidades nas empresas pensando por esse viés da inclusão racial?

**CP –** A tecnologia pode ser um grande vetor de inclusão se fizermos da forma certa. A tecnologia vai trazer, talvez, uma equidade, pois ninguém sabe ainda o que pode fazer, então todo mundo pode aprender. Ao mesmo tempo, vai tirar muitos empregos que hoje são mais manuais. É um *trade off*: ao mesmo tempo se diminui muito a forma de trabalho mais manual, que teoricamente é onde todas as pessoas que estão começando e as mais pobres e menos qualificadas estão.

Como garantir que, nessa transição, não seremos omissos em trazer essas novas possibilidades sem fornecer preparação e capacitação adequadas a quem está entrando no mercado de trabalho? Esse é um trabalho grande e tem sido o nosso foco: pensar como a tecnologia pode incluir e trazer uma nova vida para as comunidades mais vulneráveis. Obviamente, pelas estatísticas os negros são os mais impactados, os mais vulneráveis. Temos que avaliar isso tendo a coragem de dizer: "Precisamos fazer diferente." E precisamos fazer isso no universo das organizações. Tem que ser um diálogo com o setor público também, isso precisa se tornar uma agenda de país, de toda a transformação digital.

Sempre que posso, questiono como podemos inserir o Brasil nessa esfera de digitalização, de pensar como a tecnologia pode ser o grande vetor para essa mudança. Acho que tem uma grande possibilidade disso acontecer, mas, primeiro, temos que ter a ciência e fazer da forma certa.

**MP –** Na prática, qual a maior dificuldade nesse processo de inclusão?

**CP –** Em tecnologia, a maior dificuldade ainda é encontrar os talentos. Eles existem, mas não estão nos lugares onde estamos acostumados a buscar. É preciso ir atrás em diferentes universidades, por exemplo. Fui dar uma palestra na FGV (Fundação Getúlio Vargas) e só tinha jovens brancos. Mais ou menos 60% homens e 40% mulheres. Mas só brancos. Então, se quero trazer diversidade para a empresa, não posso ir recrutar lá. Tenho que ir a outras faculdades. Porque eles existem. Existem talentos que trazem uma visão totalmente diferente. E em tecnologia é fundamental ter diversidade. É fundamental ter pessoas que pensam diferente.

Os negros com quem eu trabalho são muito resilientes. E resiliência é uma competência que essa moçada nova está perdendo. Mas quem começa trabalhando lá de baixo conhece as dificuldades e desenvolve uma resiliência que é fundamental para qualquer jornada de trabalho, qualquer emprego.

Voltando à sua pergunta, o mais difícil é buscar os talentos e, depois, capacitar. E claro que estou generalizando; é difícil capacitar qualquer pessoa, porque em tecnologia tudo é muito novo. Por que não começar com os negros e ajudar que essa jornada seja acelerada?

MPRES
ESA ANT
IRRA
CISTA

# CLAUDIA POLITANSKI

Claudia Politanski é membro do Comitê Executivo do Itaú Unibanco, onde também ocupa a posição de vice-presidente, liderando as áreas Jurídica, Ouvidoria, Pessoal, Relações Governamentais e Institucionais e Comunicação Corporativa. Além disso, acumula as funções de secretária do Conselho de Administração e do Comitê Executivo do Itaú Unibanco e de vice-presidente da Febraban. A executiva planeja sua saída do banco para o final de 2020, mas a diretoria já garantiu a continuidade de sua agenda pela diversidade.

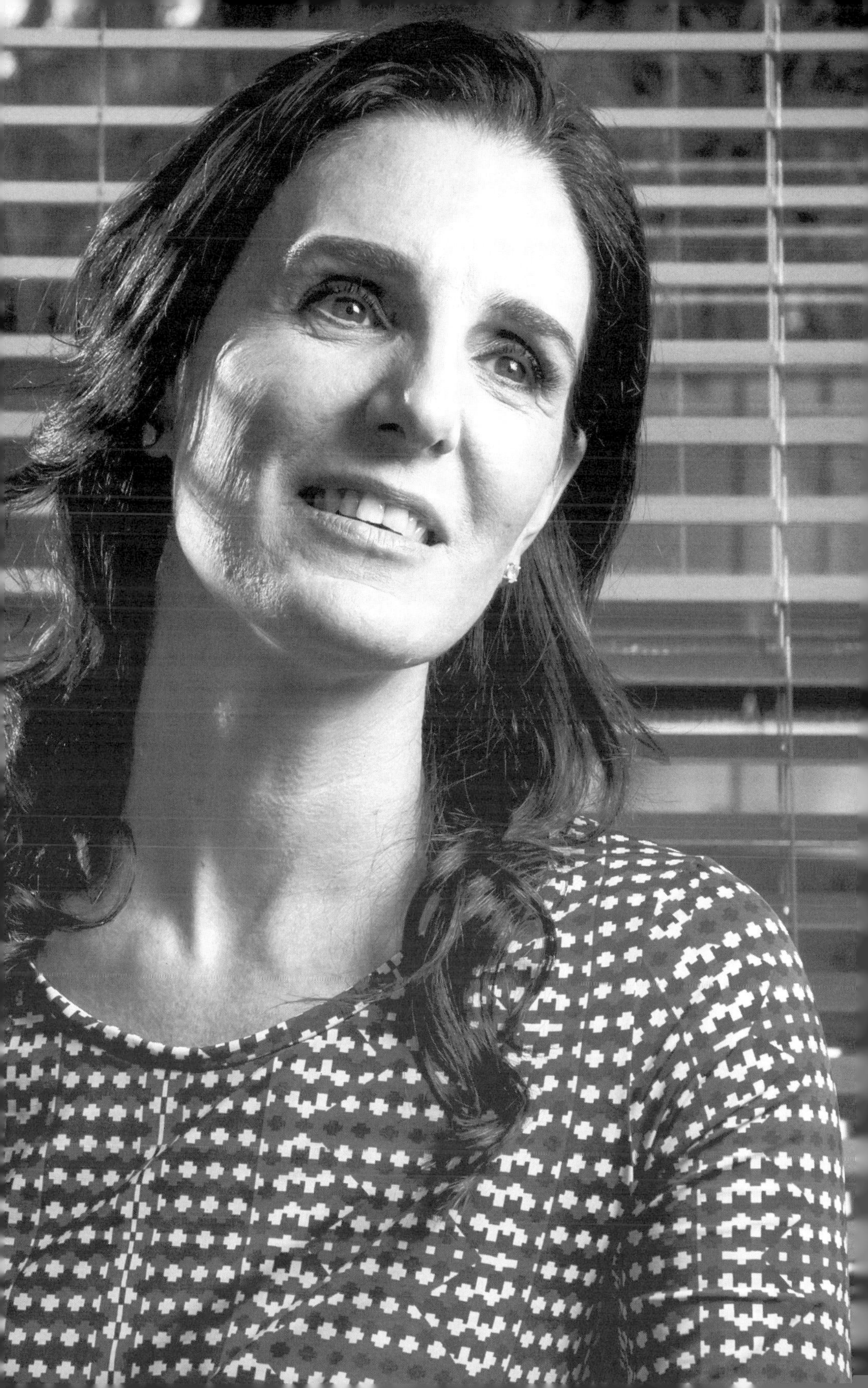

CLAUDIA TANSI

CLAU

POLITA

Entrevista publicada na revista *IstoÉ Dinheiro*, em 30/08/2018, acrescida de perguntas feitas em julho de 2020 para este livro.

**MAURÍCIO PESTANA –** Como o Itaú começou a trabalhar o tema diversidade?

**CLAUDIA POLITANSKI –** A questão da diversidade é relativamente nova aqui no Itaú Unibanco. Eu diria que começamos a discutir esse assunto de uma forma mais tímida há uns cinco anos e de uma forma mais estruturada já há uns dois.

Eu me sensibilizei para o tema mais ou menos nessa época. Cinco anos atrás, eu e poucas pessoas começamos a debatê-lo e confesso que não era óbvia a discussão. Víamos avanços acontecendo, debates sendo realizados na Europa, nos Estados Unidos, mas sabe quando você tem um pouco de dificuldade de entender em que medida aquela agenda faz sentido para uma empresa brasileira, para um banco aqui no Brasil? E na hora em que eu me sensibilizei pelo assunto e comecei a estudar, sabe aquela coisa que bate? Era tão óbvio, era tão patente ali. Como é que a gente não tinha percebido isso?

**MP –** Às vezes, as coisas óbvias são as mais difíceis de serem percebidas.

**CP –** Exatamente. A importância da diversidade é óbvia, é patente, é fundamental no relacionamento com os clientes. O Itaú está no país inteiro, nós temos sessenta milhões de clientes. Como podemos nos relacionar com eles se nosso grupo é tão pouco diverso? Sabe quando cai a ficha e você fala: "Nossa, nós somos pouco diversos pra caramba!" E aí, por mais que a gente pensasse a diversidade na forma mais abrangente, bastava olhar por grupos para perceber o quanto éramos pouco diversos sob todos os aspectos.

**MP –** E qual foi o passo seguinte?

**CP –** Quanto mais eu estudava, mais entendia. Como responsável pela área de pessoas, uma das minhas funções fundamentais é assegurar que o banco seja atrativo, que os melhores talentos, as grandes cabeças queiram vir trabalhar aqui. Como é que conseguiríamos fazer isso se estávamos restritos a um universo pequeno de *targets*, mesmo que não percebêssemos essa obviedade? Comecei a notar como o nosso olhar e o processo seletivo são enviesados. Poderia ficar aqui falando horas sobre os benefícios da diversidade, mas foi naquele momento que despertei para isso. Quanto mais eu estudava, quanto mais me educava, mais percebia quão importante era o assunto e também quão difícil e desafiador.

**MP –** Desafiador em todos os sentidos...

**CP –** Sim, pensamos a diversidade na sua forma mais abrangente. Questões de gênero, raça, pessoas com deficiência, questões de idade, religião, modelos mentais, estilo de liderança; tudo, no final das contas. Tudo que é diferente traz uma visão complementar e permite que novas ideias sejam geradas. Facilita o processo pensar na diversidade de uma forma mais ampla. Mas até por conta de experiências de empresas nos Estados Unidos e na Europa, percebemos que não adiantava querer tratar a diversidade assim, sem olhar para cada grupo e identificar: o que está acontecendo aqui? Por que tenho mais da metade da população de mulheres e não tenho mulheres nos cargos de liderança na mesma proporção? Por que, em um país de maioria negra, que tem uma política de ações afirmativas já há anos e cotas em universidades, não temos esses negros aqui conosco? Por que, quando avaliamos as pessoas com deficiência, ainda que cumpramos a cota legal, percebemos que o desempenho e a formação delas são piores do que a do restante dos demais colaboradores?

Passamos a aprofundar esse olhar para cada grupo de interesse, tentando perceber o desafio que tínhamos para cada um deles. Confesso que me chamou a atenção primeiro a questão das mulheres. Quando resolvi avaliar os nossos números, até me assustei, porque, de certa forma, eu era o exemplo. Ou seja, se eu consegui, por que as outras mulheres não conseguem? Eu mesma pensava dessa forma e, à medida que você vai se educando, percebe que não é tão simples assim. Aliás, de simples esse assunto não tem nada.

**MP** – Existem programas de diversidade voltados para a entrada de pessoas no banco? Programas, por exemplo, com foco em negros?

**CP** – Sim, por exemplo, o programa do menor aprendiz, que oferece àquela garotada que está no colegial a oportunidade de ter o primeiro contato com o mundo empresarial. De uns anos para cá, conseguimos fazer um programa estruturado na nossa rede de agências, dando aos aprendizes tarefas específicas e oportunidades de formação que, no fundo, os credenciam para dar o próximo passo. Muitas vezes a gente até ajuda com bolsas, de acordo com a nossa convenção coletiva, para que depois eles possam ir para as universidades. Nesse caso, eles passam a integrar o programa de estágio, que é o próximo passo. Além do programa de estágio, temos outros projetos, como o programa de *trainee*, mas a grande massa entra pelo programa de menor aprendiz e os de estágios. O programa de estágio é a grande porta de entrada, a gente tem milhares de estagiários sendo contratados na nossa rede de agências.

**MP –** E a questão racial, como tem sido analisada neste contexto todo?

**CP –** Vou contar um episódio para você ver o quanto essa questão é uma agenda desafiadora. Ao operar um programa de estágio, esperamos ter um público diverso. Certo dia, percebi que não tinha negros e perguntei: "Como não tem negros se estamos indo recrutar em universidades onde estudam negros, nem que sejam cotistas?" Ninguém me dava uma explicação. Chegou uma hora que eu decidi: "Quero trinta estagiários negros." Conversando com estagiários que estavam conosco, eu perguntava: "Tem negros na sua turma?" Eles respondiam: "Tem." "Por que eles não estão aqui?" Enfim, eu reafirmei: "Quero trinta estagiários negros." Aí eles apareceram. Fui conversar com eles e descobri que nem sequer imaginavam que eram desejados ali. Muitos nem imaginaram que poderiam trabalhar em um banco, outros relataram experiências de preconceito, disseram que tinham passado por fases no processo seletivo e foram preteridos no final. E a leitura deles provavelmente está correta: foram preteridos pelo fato de serem negros. Ouvi coisas incríveis, pois a experiência que eles trouxeram, principalmente de superação, é fantástica.

**MP –** Quais são as vantagens de investir na diversidade, além da questão humanitária? A gente cria um país mais justo, mas há também um ganho de produtividade?

**CP –** Eu não tenho a menor dúvida de que há. Ideias diferentes produzem uma discussão mais rica, e discussões mais ricas levam a decisões mais ponderadas e provavelmente mais acertadas.

Só por aí já vale, mas tem um monte de pessoas sentindo que esse é um ambiente acolhedor, no qual elas podem ser elas mesmas, podem se sentir à vontade, que aparência física aqui não importa, que o sexo não importa, que a origem não importa, que a orientação sexual e a identidade visual não importam. Isso faz com que elas possam se sentir em casa na empresa e dar o melhor de si nesse ambiente aberto.

Não existe lugar livre de preconceito, não sou ingênua de imaginar isso, mas em um ambiente que pelo menos repudia o preconceito e faz com que as pessoas possam se relacionar de uma forma mais aberta, mais tranquila, mais transparente, naturalmente há um aumento de produtividade, maior engajamento. Todos acabam se sentindo mais felizes e se comprometem mais com a causa da empresa. Isso, no fundo, fala com as próprias causas das pessoas, com seus propósitos, e elas se sentem dispostas a dar muito mais e acho que produzem também muito mais.

# CORONAVÍRUS E A QUESTÃO RACIAL

Publicado por Maurício Pestana na revista *IstoÉ Dinheiro*, em 24/03/20.

Procuro sempre achar algo de positivo, mesmo diante das piores situações. Acredito que as crises sempre deixam um legado, seja no aprendizado, seja nas reflexões e até mesmo nas perdas. É momento de pensar que tudo é um ciclo e que esta incrível criação chamada Raça Humana só consegue encontrar soluções diante das crises, das perdas e outras catástrofes que fizeram e fazem parte da nossa história.

Neste início de século — no qual diferenças étnicas, de gênero, regionais, continentais e religiosas parecem fazer muita diferença; em que ser de direita ou de esquerda, ser preto ou branco, homossexual ou hétero pode determinar o nível de violência a sofrer; em que morar no primeiro, segundo ou terceiro mundo, na favela ou no condomínio fechado com toda "segurança" é determinante para você ser respeitado como ser humano —, eis que surge o novo coronavírus para confrontar essa nova ordem mundial.

A Covid-19 não faz distinção entre negro e branco, pobre e rico, homem e mulher, hétero e homossexual, letrado e analfabeto, esquerda e direita. Ele surge exatamente para mostrar o quanto somos humanos, frágeis, vulneráveis a um simples vírus em pleno século 21.

Ainda é cedo para saber quais lições este vírus deixará para nossa história civilizatória. Sob o ponto de vista econômico está sendo catastrófico, vide as bolsas de valores mundo afora. Não restam dúvidas de que economias "sólidas" sairão em ruínas depois da pandemia. Setores como a cultura, o entretenimento, o comércio e até mesmo o esporte, campo de oportunidades, em que o talento e a arte são determinantes, vão sofrer drasticamente.

E a questão racial, a exclusão, as discriminações e desigualdades criadas por outro vírus mortal que há séculos circula entre nós — o vírus do racismo e seus malefícios como a ignorância, o descaso, a alienação e a violência —, como ficam em tempos de coronavírus?

O cruzamento desses dois vírus para a humanidade vem causando morte, destruição e uma desorganização social em uma escala jamais vista para a população negra de forma global, regional e local. De forma global, por pior que tenha sido o impacto em países como a Itália, Espanha, França, até mesmo a China e os Estados Unidos, imagine a forma devastadora em países da África, em que o problema não é a falta de álcool em gel e sabão, e sim, de água e comida?

Ainda na questão global, as campanhas mundo afora, inclusive as amplamente divulgadas pela Organização Mundial da Saúde (OMS), relatam incisivamente os principais "grupos de risco": hipertensos, diabéticos, pacientes oncológicos, pessoas que têm problemas respiratórios e aqueles que ultrapassaram a barreira dos 60 anos.

Curiosamente ou discriminatoriamente, esqueceu-se de um grupo cujas deficiências por conta dos tratamentos os expõem a situações assintomáticas: os portadores de anemia falciforme, doença que afeta predominantemente a comunidade negra, principalmente no Brasil, graças ao tráfico negreiro. Falo com propriedade por ser autor de um livro sobre o assunto, chamado *Tudo sobre anemia falciforme*, publicado em 2007.

No Brasil, não há dúvida de que muito ainda acontecerá, de forma regional ou local, em esferas muito maiores, dado nosso tamanho, nossas desigualdades regionais, econômicas e étnico-raciais. Começarei pela questão regional: conversando com um amigo estudioso da questão racial em Salvador, Bahia, falei da falta de álcool em gel aqui em São Paulo, e questionei se havia conscientização na capital baiana. Ele me disse: "Como vou falar em álcool em gel em algumas comunidades aqui, se sequer há água em alguns lugares? Isso para não falar em saneamento, atendimento hospitalar, entre outros."

Do ponto de vista econômico, a grande campanha de tirar as pessoas da rua para trabalharem em *home office*, ou férias fora de hora, licença etc., tem surtido enorme efeito. Mas só esqueceram de combinar com o pessoal que vive do trabalho informal, os excluídos do sistema econômico tradicional, como vendedores ambulantes, pequenos comerciantes, guardadores de carros, diaristas, lavadores de carro trabalhadores que, em sua maioria, por questões de uma exclusão histórica que vem desde o período escravocrata, é formada por negros.

Mais: se levarmos em conta ainda o índice de desemprego que esta crise trará e o forte impacto no comércio — vale considerar as pesquisas do IBGE e DIEESE que apontam que, em uma situação de crise econômica, negros e negras são os primeiros a serem despedidos e os últimos a serem empregados —, poderemos, então, ter uma radiografia do tamanho do estrago que o coronavírus trará ao maior país negro do mundo fora da África.

É cedo ainda para fazer a conta, mas medidas podem ser tomadas no âmbito do governo e também das empresas. Os últimos anos têm sido ricos no debate da questão racial e da diversidade nas corporações. Utilizar todo o conhecimento adquirido neste período, ter sensibilidade para políticas com foco nos mais desfavorecidos — em sua maioria negros e negras e periféricos(as)

—, poderá ser uma grande oportunidade para sairmos como um país mais justo e menos desigual. O momento é de solidariedade e de muita reflexão sobre o mundo em que estávamos metidos e o mundo queremos criar depois da crise.

# EDVALDO SANTIAGO VIEIRA

Edvaldo Santiago Vieira possui larga experiência nos mercados financeiro e segurador, tendo trabalhado no Citibank Brasil e nos Estados Unidos, no HSBC Brasil e Regional e na Metlife Brasil. Atualmente ocupa a posição de diretor executivo de operações na Amil Assistência Médica Internacional. É formado em administração de empresas, com MBA no IBMEC/INSPER, e fez cursos de especialização em liderança de alta performance no Instituto Europeu de Administração de Empresas (INSEAD) e em gestão na Fundação Getulio Vargas (FGV-CEO).

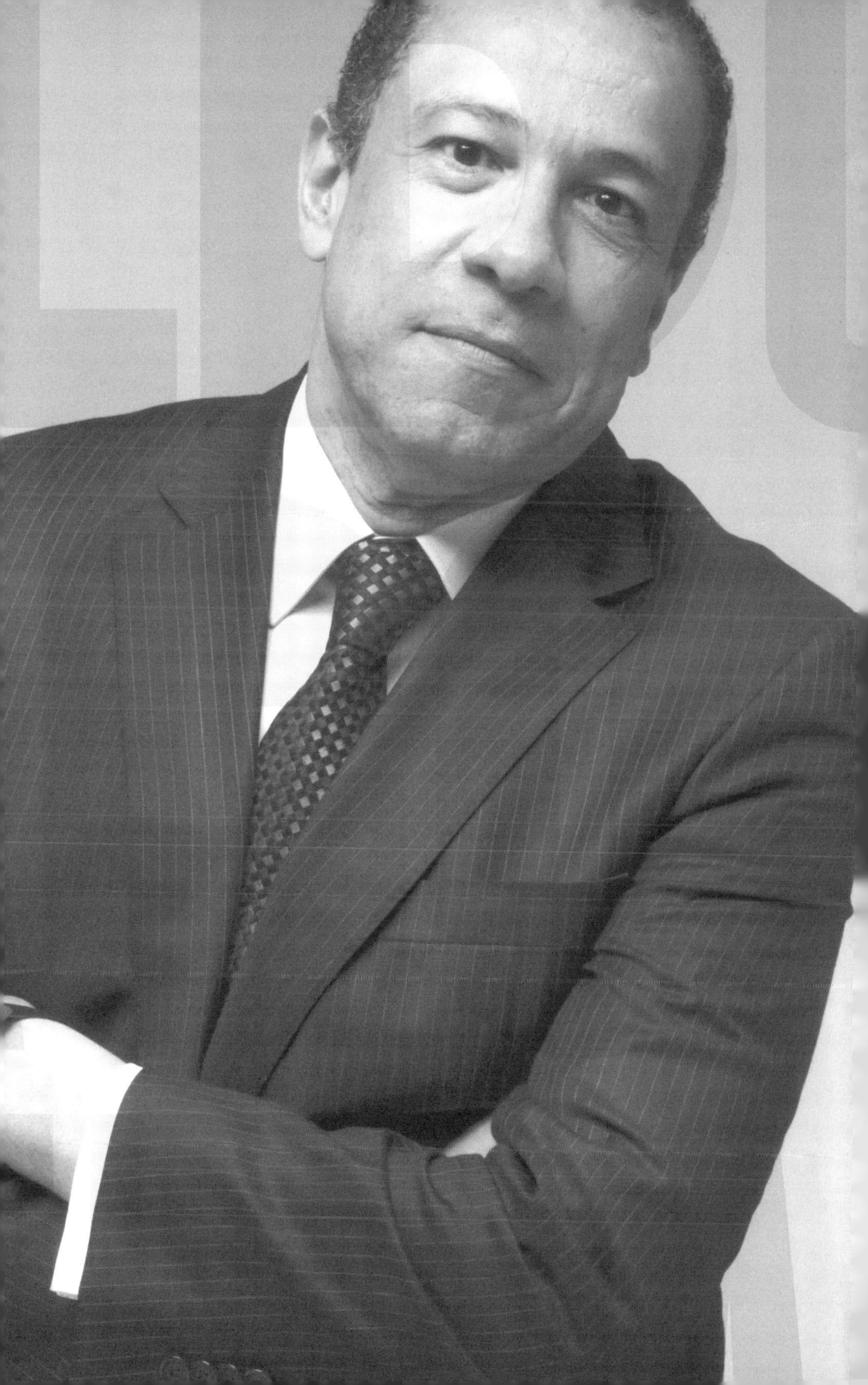

SANTIAGO
VIEIRA
VALDO

Entrevista concedida em 17/07/2020.

**MAURÍCIO PESTANA –** Como é ser negro e ocupar um cargo e espaço de superliderança em uma empresa global? Quais os principais desafios?

**EDVALDO SANTIAGO VIEIRA –** Para mim, ser negro em uma posição de liderança é gratificante, tanto pelo fato de servir de exemplo para outras pessoas como por poder liderar mudanças no processo de igualdade racial. Eu, no meu íntimo, me preocupo sempre em entregar mais, em buscar me diferenciar pela performance. Também busco aproveitar a minha influência para dedicar um tempo para o item Diversidade e Inclusão, pois entendo que motivar a inclusão das minorias nas empresas também deve ser o meu papel como executivo negro. Por atuar em uma empresa global, acabamos por ter um diferencial interno, que são as áreas Jurídica e de Compliance, que, junto com a área de Capital Humano, se preocupam com as questões de diversidade e preconceito. O caminho até a liderança é árduo para as pessoas negras. Apenas uma minoria consegue chegar lá, por uma série de fatores sociais e históricos, mas depois que você chega nesse lugar, as cobranças por performance, resultados e eficiência são iguais para todos. Os desafios dos executivos de todas as empresas grandes são basicamente os mesmos: ter resultado, buscar eficiência, se alinhar com o propósito da companhia, alcançar metas, ajudar a empresa a crescer e a perseguir a liderança de mercado.

**MP –** Em sua trajetória escolar e profissional, você consegue se lembrar da quantidade de pessoas negras que fizeram parte do seu ambiente? Sabe o que aconteceu com elas?

**ESV –** Quando penso na minha fase escolar, lembro que, no início, nós, negros, já não éramos muitos. Porém, à medida que íamos passando de ano, esse número diminuía. Naquela época eu não percebia, não era algo que me chamava atenção, eu simplesmente pensava que as pessoas não passavam de ano porque não focavam nos estudos. Mas o tempo passou e, no dia da minha formatura, éramos só dois negros no final de todo o processo de escolaridade. Comecei a trabalhar cedo para ajudar em casa, logo após a morte do meu pai, e nunca parei de estudar. Conforme o tempo foi passando, novos empregos e novos cursos surgiram, e o fato do número de negros ser cada vez menor começou a me chamar atenção. Não raro, eu era o único da turma. Então comecei a me questionar, pensando que tinha algo muito errado nesse processo todo.

**MP –** As cotas raciais ainda causam muitas polêmicas em nossa sociedade. Qual a sua posição a respeito?

**ESV –** Sou favorável. Já fiz muitas reflexões sobre esse tema. As ações afirmativas são primordiais para gerar oportunidades para a população negra. Eu acredito que o impulsionador da diminuição da desigualdade social é a educação. É através dela que as pessoas podem entender melhor o mundo e o país em que vivem, conseguir melhores empregos e, com isso, melhores rendas. Não acho que as cotas são, por si só, a solução para a carência do nosso sistema de ensino, mas defendo que a melhoria na base de nossa educação e nas oportunidades de igualdade nos serviços públicos e privados deveriam caminhar em paralelo.

Especialmente no caso da população negra, as cotas são uma opção mais estável e mais possível para o crescimento social, e que traz condições de acesso mais justas para aqueles que estudam e querem continuar estudando. Lembrando que, em geral, as provas para os negros e brancos são as mesmas, e para ter acesso às vagas de estudo e emprego todos têm que demonstrar sua capacidade intelectual.

**MP –** O que o senhor acha que tem mudado na discussão sobre a presença de pessoas negras no ambiente corporativo? Tem evoluído? Quais são os pontos positivos e negativos dessa mudança?

**ESV –** Eu acredito que a discussão tem evoluído, porém, a passos muito lentos. O silêncio, as desculpas e a falta de conscientização ainda estão presentes nas empresas e na sociedade. Há empresas, principalmente as com grande quantidade de funcionários, em que podemos até perceber altos percentuais de pessoas pretas, mas ao entendermos o detalhamento desse número, a maioria está nas funções iniciais. E, na medida em que analisamos a estrutura hierárquica e de liderança da companhia, os números diminuem. Também observo, ainda, a estrutural falta de continuidade nas ações sobre o tema. De tempos em tempos, algo acontece e o tema se populariza, discutimos, falamos e depois parece que passa. Isso demonstra que ainda são poucas as empresas que realmente entendem a importância de seu papel nessa jornada e querem, de fato, fazer acontecer, criar uma sociedade com uma menor desigualdade social.

Por outro lado, a implementação de ações para inclusão e diversidade é um início. E, aqui, vale um destaque: muitas pessoas que formam as empresas são as mesmas que dizem que não são racistas, mas que ficam em silêncio diante de um ato de racismo. Precisamos de mais protagonismo daqueles que dizem não ser racistas. Mas como fazer isso? Sendo antirracistas. Nos ajudando na inclusão, na geração de oportunidades, na abertura de portas. Eu acredito que a educação é a mola propulsora para a preparação da população preta, para obter melhores empregos. Mas, na prática, não adianta simplesmente estarmos mais preparados se não tivermos oportunidade. Nós, pretos, que chegamos a lugares melhores, além de nos prepararmos, tivemos oportunidades dadas por pessoas antirracistas, muitas vezes brancas. Portanto, também não podemos partir da premissa de que todo branco é racista. Isso não é verdade. A polarização não ajuda. O que ajuda é a integração. Precisamos de cada vez mais líderes integradores e ações afirmativas no mundo corporativo, no processo de seleção de pessoas, na contratação de fornecedores, nos eventos e nos debates sobre assuntos relacionados ao negócio.

**MP –** O que o senhor diria para um CEO que quisesse iniciar hoje um processo de mudança profunda na própria empresa, visando empregar mais pessoas negras em cargos de decisão e representatividade?

**ESV –** Vejo o processo de mudança como uma jornada. E devemos buscar alternativas que nos ajudem a acelerar essa jornada, pois não há uma solução simples e nem de curto prazo.

Como um primeiro passo, minha sugestão é formar um grupo com pessoas da alta liderança que entendam ou que queiram participar ativamente do tema e que tenham, é claro, o interesse e as ações para isso. Na sequência, contratar uma consultoria de diversidade — há várias no mercado, muito bem capacitadas, que entendem do tema e podem trabalhar junto com a alta liderança para a preparação do planejamento e execução para essa jornada. O trabalho integrado entre a alta liderança da empresa e a consultoria é importante para garantir o alinhamento entre o novo programa e os valores, missão e cultura da empresa.

Também gosto muito da ideia da criação de um Comitê de Diversidade e Inclusão para tratar e direcionar o tema e as ações afirmativas dentro da empresa. E, a partir da criação desse Comitê, criar Grupos de Diálogo para garantir não apenas a diversidade racial, mas todas as outras sobre as quais debatemos, como a diversidade de gênero, cultural, etária, étnica e de pessoas com deficiência. Os Grupos de Diálogo são extremamente importantes, pois é preciso ouvir as pessoas que tem conhecimento de causa e sentem na pele diariamente os diversos tipos de intolerância. Nesse aspecto, não podemos trabalhar ou agir com o "bom senso". Às vezes, quando confrontados com situações de desigualdade, as empresas recomendam seus executivos a agirem com "bom senso". Mas considerando que esse conceito está diretamente relacionado às noções de sabedoria, razoabilidade e julgamento, o bom senso não adianta para quem não sente na pele, no dia a dia, os impactos do preconceito, da exclusão e da invisibilidade.

Na evolução dessas medidas, algumas sugestões mais pragmáticas são:

- Mantenha a alta liderança engajada com a diversidade e inclusão. Os executivos devem, de fato, participar, estar presentes, apoiar e liderar pelo exemplo;
- Traga a diversidade para o processo de seleção. Muitas vezes, a primeira resistência aparece nesta etapa. Em vez do cômodo discurso do "não encontramos ninguém", peça ajuda a *headhunters* especializados em contratar pessoas pretas;
- Saiba aonde a empresa quer chegar em relação à diversidade e inclusão. Não basta estabelecer indicadores e metas anuais, é preciso também acompanhar sua evolução;
- Prepare a liderança de sua empresa sobre o tema, reforçando o comportamento esperado de um líder no âmbito da diversidade e inclusão. Os treinamentos

são importantes não só para a conscientização, o entendimento e o aprendizado, mas também para propiciar a inclusão na prática. De nada adianta a diversidade sem a inclusão. Precisamos nos preocupar em, além de dar oportunidades, incluir, fazer com que as pessoas pretas se sintam bem recebidas em um ambiente igualitário nas empresas. Temos que combater o viés inconsciente do racismo dentro e fora das empresas. Pois as pessoas que formam as empresas são as mesmas que formam a nossa sociedade;

- Esteja aberto a aprender sempre. Isso requer a coragem de iniciar uma jornada de conhecimento e engajamento no processo, assim como a coragem de reconhecer que não sabemos tudo. Mas, com disposição em desaprender e aprender de novo, chegaremos lá;
- Treine o máximo de pessoas que conseguir. Na empresa, o treinamento é fundamental para a inclusão. Comece pela liderança, que tem o protagonismo e a oportunidade de fazer a diferença imediata através da contratação — principalmente a média gerência, que, em geral, contrata um volume maior de pessoas;
- Aumente as oportunidades para profissionais pretos. Dê visibilidade a eles. Contrate-os para seus eventos e palestras profissionais, há vários competentes no mercado. Contrate serviços de empreendedores pretos. Apoie e patrocine entidades que capacitam pessoas pretas. Questione e motive seus fornecedores a terem programas de diversidade e inclusão, pode ser um diferencial em caso de empate em suas concorrências;
- Em resumo: transforme o silêncio em ação. Nessa jornada, aprendi com Viviane Moreira, talentosa executiva de Gerenciamento de Riscos com quem tenho o prazer de trabalhar e dividir a cor de nossa pele: "Diversidade é convidar para o baile e inclusão é tirar para dançar".

**MP –** Uma liderança, em um cargo estratégico de uma empresa, precisa de quatro passos fundamentais: a contratação, a manutenção, o investimento e a promoção. Onde você consegue ver mais dificuldade neste tripé?

**ESV –** Acredito que todos esses quatro passos impõem dificuldades equivalentes, mas a interligação entre eles é, para mim, o grande desafio.

Muitas vezes as empresas até alcançam indicadores altos de diversidade em cargos básicos. Isso é um começo, mas não pode parar por aí. Como ajudar a desenvolver essas pessoas para que possam crescer e alcançar cargos de liderança? Investindo na inclusão dessas pessoas nos processos seletivos de promoção e em programas de treinamento, de desenvolvimento e de *coaching*.

Em vários casos, quando consideramos uma pessoa para uma promoção, mesmo se ela não estiver 100% pronta, optamos por promovê-la caso demonstre potencial para suprir suas dificuldades. Será que, em casos como esses, damos as mesmas oportunidades para brancos e pretos? Ou não promovemos profissionais negros sob o pretexto de não estarem preparados?

**MP –** Nesses tempos tenebrosos em que vivemos, com pandemias, fugas de capitais e investimentos, recessão e pouca liderança política no Brasil, que futuro você vê para o tema da igualdade racial em nosso país?

**ESV –** Tenho uma visão otimista e esperançosa de que a sociedade deverá se movimentar mais intensamente em relação a isso. Mas é uma visão otimista, porque ainda não corresponde com a realidade. A intolerância e o preconceito não pararam de acontecer durante a pandemia. Em uma sociedade em que 72% da população mais pobre é preta, um jovem negro morre a cada 23 minutos. O filho de cinco anos da empregada preta é abandonado no elevador e morre, enquanto a patroa, branca está viva e livre. A polícia ataca jovens negros indefesos nas nossas favelas, e é tudo considerado normal. E a cada vez que normalizamos esses atos, regredimos mais um pouco.

Vejo a discussão sobre o "novo normal" e reflito que, na verdade, a maioria da população preta nunca vivenciou nem o antigo "normal". Ou seja, ter um trabalho, ser respeitado, ocupar um lugar digno na sociedade, ter uma casa, ter direito à saúde, ter alimentação, ter educação, simplesmente poder viver em paz e com qualidade de vida.

Eu estava assistindo a uma entrevista da antropóloga Lilia Schwarz em que ela dizia que, historicamente, passadas as pandemias ou as grandes tragédias, as pessoas voltam a ter seu comportamento anterior.

Com isso, acredito que a jornada contra o racismo, contra a desigualdade social e contra o preconceito continuará intensa, com muito trabalho e ação pela frente. Nosso esforço sempre será muito maior que a velocidade das mudanças, mas não podemos desistir, cada um no seu papel, buscando fazer a diferença. Juntos, nós, os antirracistas, somos mais fortes, e podemos transformar as pequenas diferenças em grandes resultados.

**MP –** Os Estados Unidos tem 13% de afro-americanos, nós somos 56%. Na sua visão, por que mesmo sendo minoria eles têm um número muito maior de pessoas negras em cargos estratégicos nas suas companhias?

**ESV –** Vou ser pragmático, sem me remeter a vários fatos históricos. Eu atribuo isso ao fato da segregação que houve nos Estados Unidos, versus a "nossa democracia racial", e uma suposta convivência harmoniosa em nosso país, que sempre viveu a mentira de que não há racismo. Nosso atraso é latente, e somente de alguns anos para cá isso vem mudando, com mais lideranças aparecendo e a necessidade de discutir o tema entrando em voga.

Nos Estados Unidos, a transparência do fato e a clara intolerância racial motivaram a discussão e fizeram com que aparecessem líderes e ativistas políticos que organizaram movimentos e protestos, gerando demandas que motivaram a evolução das leis. Isso viabilizou a criação de ações afirmativas e de inclusão mais cedo que no Brasil, fazendo com que o povo fosse mais qualificado para lidar com essas questões.

No Brasil, o racismo nunca foi assumido como um problema. Sempre foi algo escondido e silencioso. E como não tínhamos um problema, não tínhamos nada a resolver. Chegamos ao absurdo de contrariar a matemática, sendo minoria em diversos âmbitos, mesmo sendo 56% da população. Apenas esse fato, isoladamente, já indica que há muita coisa errada. Esse tempo perdido reflete nos indicadores corporativos em relação à presença de negros no mercado de trabalho, com poucas oportunidades em funções de liderança e vinculadas à propriedade intelectual. Esses indicadores são reflexo de uma sociedade veladamente racista e de um *status quo* que institui que o preto ocupe atividades que sejam mais próximas ao esforço físico ou que divirta os brancos, como esportes, música e dança. O futebol é uma ilustração nítida disso: vemos muitos negros sendo valorizados como jogadores, mas raros são os técnicos ou dirigentes negros, porque essas funções pressupõem capacidade de liderança e alta utilização do intelecto.

**MP –** O que o senhor não recomendaria de forma alguma para uma liderança que queira iniciar um processo de inclusão racial na própria empresa?

**ESV –** Que a liderança não entre nessa jornada se a intenção de incluir não for uma preocupação genuína. Tenha a coragem de começar, se cerque de pessoas que vão lhe ajudar, que entendam o tema e que queiram realmente fazer a diferença. Lidere pelo exemplo e faça acontecer. Inclusão e diversidade não é voluntariado nem "mimimi", é a coisa certa a se fazer. Ou seja, não faça apenas porque está na moda, porque é o assunto do momento ou porque a concorrência fez. Não faça sua empresa aparecer na discussão sem ter ações reais.

E não desista quando se deparar com obstáculos, sejam eles quais forem. Isso é uma jornada: os conflitos acontecerão, as críticas virão, o medo estará presente e o erro também. Mesmo querendo acertar podemos errar, mas jamais esmoreça. Não comece essa jornada se não estiver disposto a levá-la adiante. Começar e parar será negativamente mais impactante do que não começar.

**MP –** Por que você acha importante se engajar na luta antirracista?

**ESV –** Entendo que é nossa contribuição para uma sociedade melhor, mais igualitária, com menos violência, com mais propósito e mais oportunidades a todos. Não podemos falar que há igualdade quando temos pessoas passando fome, sem oportunidade de educação e saúde, mortas pela cor da sua pele ou maltratadas pela polícia; enfim, quando ainda houver excluídos da sociedade.

Se engajar na luta é dar um basta nisso tudo. Chega! Se for para ser intolerante, que seja contra o racismo. Nossa luta é uma só: dos antirracistas — pretos e brancos — contra os racistas. Todos ganham com uma sociedade mais igualitária, não há perdas nem privilégios: a renda aumenta, a violência diminui, a interação é maior, e assim a democracia evolui e criamos uma sociedade melhor para nossos filhos e netos.

Minha mensagem final: Igualdade no dicionário quer dizer "Identidade de condições entre os membros da mesma sociedade. Qualidade que consiste em estar em conformidade com o que é justo e correto; equidade, justiça". Palavra que vem do latim *aequalis*, que quer dizer idêntico, uniforme. Mas quando escuto essa palavra, não me vem à cabeça equações matemáticas, apesar de eu ser um executivo de números. A primeira coisa que me vem em mente é a conotação social.

- Entre 2016 e 2018, a taxa de analfabetismo das pessoas pretas ou pardas foi de 9,1, quase três vezes maior que a de brancos, segundo o IBGE;
- Em 2018, o rendimento médio mensal das pessoas pretas ou pardas ocupadas era de R$ 1.608; das pessoas brancas, R$ 2.796;
- Os brancos com nível superior completo ganham, por hora, 45% a mais do que os pretos ou pardos com a mesma escolaridade;
- Os negros são 57% dos aprendizes e trainees, mas na gerência eles são 6,3% e, no quadro executivo, 4,7%, aponta o Instituto Ethos.

É uma ilusão pensar que um país que levou 488 anos para criminalizar o racismo acertou suas contas em trinta anos. Ainda não conseguimos equilibrar a balança da desigualdade, mesmo com 56% da população brasileira preta ou parda. Por isso é tão importante falar. E é tão importante ouvir. Porque Vozes Negras Importam.

São muitos os porquês para a Diversidade e Inclusão ser um tema ativo na pauta estratégica das empresas, mas vou citar pelo menos dois motivos que, para mim, são essenciais.

D&I é estratégico para as empresas porque ao incentivar um ambiente inclusivo, as pessoas se sentem parte de um todo, e criamos, com isso, uma ponte para que novas ideias surjam em um ambiente seguro que respeita e valoriza a diversidade.

Além disso, se as empresas representassem a sociedade minimamente nas suas proporções de diversidade, teríamos um melhor entendimento do nosso cliente, que é diverso, e poderíamos oferecer um atendimento mais adequado às suas necessidades.

E pensar diversidade e inclusão para além de seus colaboradores é papel das empresas socialmente responsáveis.

Fiquei entusiasmado quando vi, em 2020, uma famosa marca, que oferecia curativos de um único tom de pele desde 1920, revolucionar e lançar novas cores. O tal do bege pálido, de fato, nunca me representou. A mudança veio porque fomos ouvidos. Muitos podem nunca ter pensado no que representa viver toda uma vida com uma única opção de curativo, diferente da sua pele. Mas essa mudança importa, e muito. Porque as futuras gerações vão sentir que o mundo é um pouquinho mais delas. Um pouquinho mais inclusivo. Essa é nossa luta.

Não falar sobre racismo não significa que ele não exista. No Brasil, o tema ainda não é tratado com a seriedade devida. Quando o assunto entra na conversa, muitas vezes é iniciado por uma pessoa negra e o seu pleito perde força logo que uma pessoa branca faz uma piada.

O ano de 1837 trouxe a primeira lei de educação no Brasil, mas os negros não podiam ir à escola. Em 1871, resolveram tornar os escravos nascidos no Brasil livres. Mas que liberdade teria uma criança de mães escravas? Em 1885, a Lei do Sexagenário tornava livre o escravo com sessenta anos. Mas quem sobrevivia? Em 1888, veio a abolição da escravatura, mas não demorou para outra lei mandar prender quem andava pelas ruas sem trabalho ou residência. Só em 1988 o racismo foi instituído crime no Brasil.

O tema é difícil e dolorido. Colocar o assunto na mesa exige conhecer a história e buscar fontes sérias. E também se expor e liderar mudanças. Envolver a liderança na promoção de ações para garantir pessoas negras nos processos seletivos e influenciar a movimentação de carreira é um legado importante que eu, como executivo negro, quero ajudar a construir.

Eu tenho um sonho: que um dia todos sejam valorizados pela sua diversidade de ideias, conceitos e opiniões e que todos sejam respeitados por isso.

MPRES
ESA ANT
TIRRA
CISTA

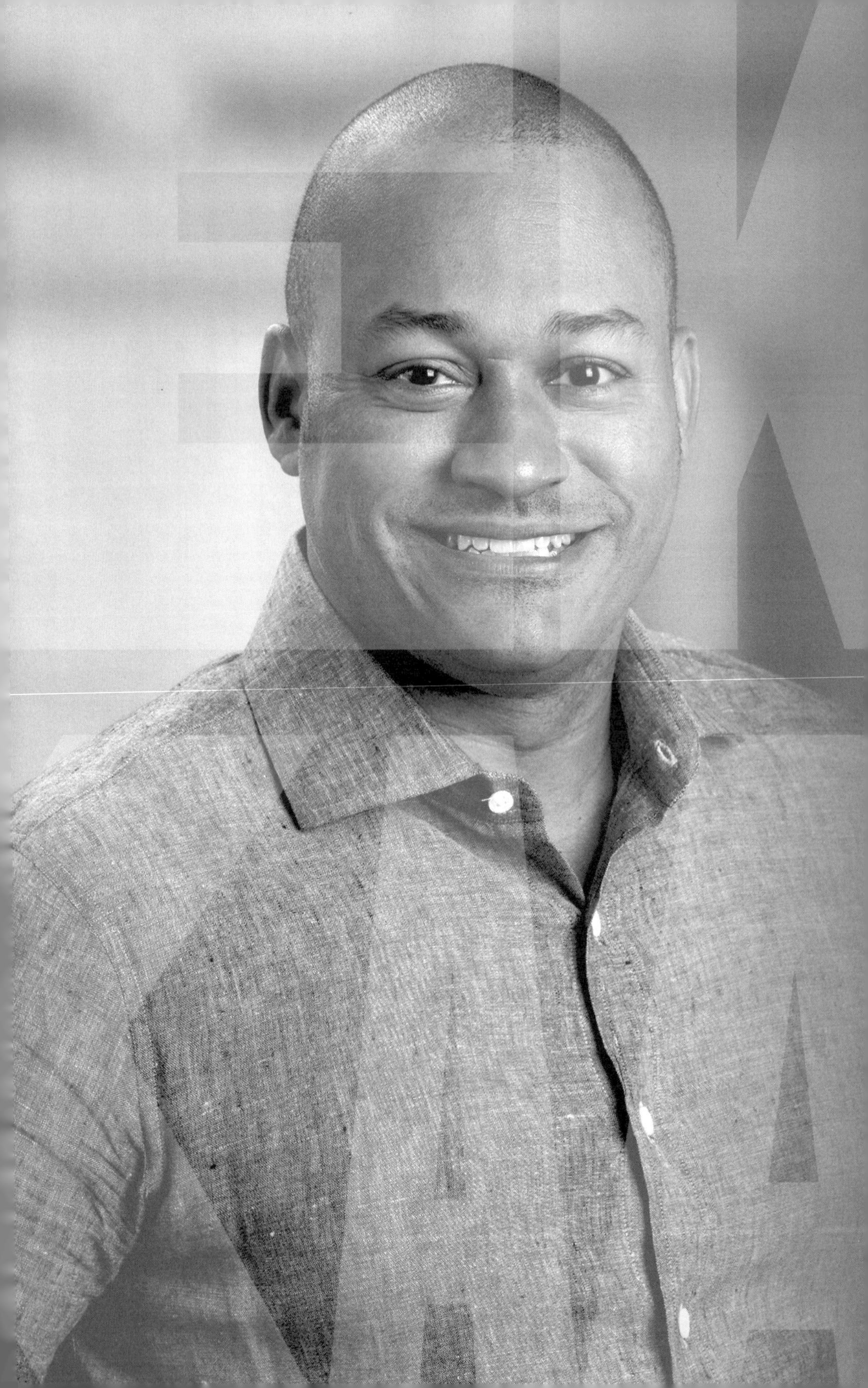

# SEKOU KAALUND

Executivo de maior prestígio no JP Morgan Chase, Sekou Kaalund é diretor administrativo da organização que figura entre as cinco maiores instituições financeiras do mundo. Kaalund ingressou no JP Morgan como diretor-gerente e chefe global de vendas de serviços de capital privado e fundos imobiliários. Ocupou cargos de liderança no Citibank, atua em vários conselhos, incluindo a Fundação de Parques da Cidade de Nova York, a Escola de Políticas Públicas da Duke University, o Programa de Políticas Públicas e Assuntos Internacionais e o Conselho de Profissionais Urbanos. Também é membro do Círculo de Líderes Jovens de Milken e da Sociedade de Bolsistas do Instituto Aspen. Kaalund é bacharel pela Hamden-Sidney College e mestre em políticas públicas pela Duke University.

EKUU
KAALUN
SEK
AUND

Entrevista publicada na *Revista Raça*, em 27/01/2020.

**MAURÍCIO PESTANA –** Qual a sua avaliação desta primeira visita ao Brasil?

**SEKOU KAALUND –** Embora tenha viajado muito para outros países, ainda não havia conhecido o Brasil e a experiência tem sido ótima. Sinto uma energia muito forte aqui. Posso ter demorado, mas acho que conheci na hora certa.

**MP –** Quais suas impressões sobre a questão racial?

**SK –** Ouvi algumas pessoas e tinha muitas informações sobre o país, uma vez que o banco atua aqui há muitos anos. Acho que nossa grande diferença está no quesito educação. Se pensarmos que no século 19 já havia universidades negras com foco em preparar negros para o mercado de trabalho, e vocês aqui só recentemente criaram uma única universidade com propósito semelhante, há pouco mais de dez anos, verá que as diferenças são grandes.

**MP –** Sobretudo na renda... mas devemos levar em consideração o fato de vocês estarem no centro do capitalismo mundial.

**SK** – Concordo com você, porém, a segregação nos Estados Unidos nos impôs grandes limitações. Só quebramos barreiras significativas após Martin Luther King e a luta pelos direitos civis. Depois daquele período houve uma movimentação intensa em muitas áreas e em um curto espaço de tempo tivemos um desenvolvimento econômico muito grande. Atualmente o PIB dos negros nos Estados Unidos é maior que o PIB da Rússia, ou seja, a quantidade de dinheiro que circula somente entre os afro-americanos é maior que a que circula em uma das maiores potências do mundo. E isso tem que ser olhado com muita atenção por quem queira entender como gira a economia.

**MP** – Por aqui não tivemos a segregação formal. O não fechamento em torno de uma agenda comum em áreas como segurança, desenvolvimento econômico e educação, no qual vocês tiveram que fechar por conta da segregação, tornou-nos muito mais frágeis e enfraquecidos nessas agendas, o senhor não acha?

**SK** – Nunca havia pensado nisso, mas você tem certa razão, o que me remete à primeira resposta, quando falei das universidades negras centenárias. Tivemos um problema que talvez se assemelhe ao que você se refere, quando na metade do século passado eliminamos as escolas separadas e os negros começaram a frequentar as mesmas escolas que brancos. Muitos professores negros ficaram desempregados, pois não eram admitidos nas escolas dos brancos, e muitos negros também tiveram sua educação comprometida nessas escolas, uma vez que muitos brancos não gostavam de ensinar aos negros.

**MP** – Como o JP Morgan tem trabalhado com o afroempreendedorismo nos Estados Unidos?

**SK** – Ter um maior número de pessoas negras consumindo e produzindo, incluídas na economia, é o foco principal do

JP Morgan Chase. Com essa missão, que é inerente ao banco, lançamos o Advancing Black Pathways — uma iniciativa que se baseia em nossos esforços para ajudar homens e mulheres negras a traçarem caminhos mais fortes em direção ao sucesso econômico e ao empoderamento.

**MP –** Pode explicar melhor?

**SK –** Temos uma oportunidade única de reunir nossos recursos para ajudar a enfrentar alguns dos desafios persistentes que negros e negras sofrem em nossa sociedade por conta da desigualdade histórica. Todos merecemos ter oportunidades de participar do crescimento econômico. É por isso que estamos fornecendo mais apoio aos negros na busca pelo sucesso educacional, profissional, comercial e financeiro.

**MP –** Qual ação específica o banco tem realizado nessa direção?

**SK –** No início deste ano anunciamos o Advancing Black Pathways (ABP) para aproveitar os esforços da empresa, ajudando os negros americanos a alcançarem o sucesso econômico. Como parte disso, a empresa está expandindo seu modelo de Entrepreneurs of Color Fund para a Grande Washington, DC, fornecendo treinamento em capital e em negócios para empresários negros e de outras minorias na região.
"Fazer a economia funcionar para mais pessoas não é apenas uma obrigação moral, é um imperativo comercial", tem dito com muita frequência nosso presidente e CEO Jamie Dimon.

**MP –** No Brasil, empreender não é tarefa fácil. Juros altos, falta de crédito e, se você for negro, ainda terá que lidar com o preconceito. Como é essa realidade em seu país?

**SK –** As oportunidades econômicas estão fora de alcance para muitos americanos negros também nos Estados Unidos, e isso é um impeditivo no sentido de ajudá-los nas carreiras, construir riqueza, desenvolver negócios e participar dos benefícios de uma economia em crescimento. Sabemos que, quando trouxermos todo o poder da nossa empresa para nossas filiais, nossos clientes e nossas comunidades, poderemos ter um impacto positivo.

**MP –** Ainda considero um pouco genérica esta ação. Pode destacar algo específico de grande impacto na comunidade negra?

**SK –** Falarei da educação, algo que foi fundamental e libertador para mim. Melhorar a educação e a disponibilidade para os estudantes negros é fundamental para mover a economia. Nós, no banco, temos o compromisso de contratar mais de quatro mil estudantes negros nos próximos cinco anos, e isso inclui estagiários e aprendizes de faculdades e de escolas secundárias. Além disso, a empresa expandirá parcerias com faculdades e universidades historicamente negras e outras organizações sem fins lucrativos para recrutar talentos e para apoiar o desenvolvimento profissional e a saúde financeira dos estudantes negros. Isso está muito conectado com outro projeto que é o de fortalecer o bem-estar financeiro das famílias negras. Com *insights* exclusivos sobre as necessidades financeiras dos americanos, o JP Morgan Chase e a ABP desenvolverão parcerias estratégicas para melhorar a saúde financeira dos negros americanos, inclusive em suas filiais, ajudando a gerar poupanças, melhorando o crédito, fornecendo aconselhamento aos compradores e ajudando pequenos proprietários e empresas a acessarem capital. Para começar, a empresa expandirá o Entrepreneurs of Color Fund para a região da Grande Washington.

**MP –** O senhor tem realizado muitas coisas em prol dos afro-americanos no banco. O que o deixa mais orgulhoso dessas ações?

**SK –** O que me dá mais orgulho é quando visito lugares pobres por onde passei e encontro jovens que estão trabalhando e estudando que dizem: "Quando crescer, quero ser igual a você." Servir de inspiração para mudanças de paradigmas não tem preço.

# DIVERSIDADE EM TRANSIÇÃO

Publicado por Maurício Pestana na revista *IstoÉ Dinheiro*, em 27/06/16.

Sempre que ouvimos alguma história de superação sobre pessoas humildes que, contrariando todas as estatísticas, conseguiram realizar seus sonhos e atingir seus objetivos de alguma forma, vemos que perseverança e objetividade estão entre as características mais comuns desses vitoriosos.

O Brasil do século 21, com mais oportunidades de estudo, tem revelado pessoas como dona Leonides Victorino, que até 67 anos não sabia ler nem escrever e, aos 79 anos, se formou em História da Arte em uma universidade no Rio de Janeiro. Ou Joaquim dos Santos, que realizou o sonho de se graduar em Direito, aos 63 anos, após pedalar cerca de 40 quilômetros diariamente de sua casa até a faculdade no Espírito Santo.

Os dois têm uma coisa em comum, além das já citadas acima: a cor da pele. Vivemos em um país onde 53% da população se autodeclara negra. No entanto, foi somente neste século que algumas políticas públicas — como o FIES, o ProUni e as cotas nas universidades públicas —, impulsionaram jovens a cursar o terceiro grau ou aqueles que jamais poderiam sonhar com uma universidade. Esta nova realidade acabou por gerar um incentivo para seus pais, e até avós, que hoje também reencontram o sonho do banco universitário.

Só para se ter uma ideia da revolução em curso, nosso país, na virada do século, contava apenas com 2% dos bancos das universidades ocupados por negros. Esse número ultrapassa hoje os 20% — o que significa dizer que os últimos 16 anos concentraram o maior número de ingresso de negros nas universidades comparado a toda história da educação em em nosso país.

Ainda é cedo para saber qual será o impacto dessa verdadeira revolução e em que patamar a inclusão educacional irá nos colocar. Há dúvidas de como o mercado de trabalho está se preparando para absorver esse novo profissional que, por conta de todas as adversidades, tem entrado mais tarde e por vezes em situação de desvantagens na disputa por uma oportunidade de trabalho.

Cabe às corporações estarem mais atentas a essa mudança em curso do perfil do trabalhador e também do consumidor, uma vez que esse mesmo fenômeno no mercado de trabalho tem reflexo imediato no mundo do consumo. Soma-se a isso, o aumento da população idosa e negra que passa a consumir mais bens e serviços, já em outro nível educacional, mais elevado do que o de gerações anteriores.

Uma coisa é certa: somente quem estiver antenado para essas novas demandas e desafios propostos para o século 21 sobreviverá, pois o cenário atual é de intensa mudança e transição. A lição que fica é que a interlocução com um país e um planeta mais diverso é a chave para a permanência e o sucesso nos negócios.

# RACHEL MAIA

Rachel Maia, ex-CEO da Lacoste Brasil, começou sua trajetória profissional como contadora na 7-Eleven. Em seguida assumiu a gerência financeira na Novartis. Foi responsável pela chegada da Tiffany ao Brasil, e liderou a expansão da marca dinamarquesa Pandora. Possui MBA pela Fundação Getulio Vargas, pós-graduação em finanças pela Universidade de São Paulo (USP) e especializações em negociação e liderança pelo Programa de Educação Executiva da Harvard Business School, além de treinamento de gerenciamento geral pela Universidade de Victoria na Colúmbia Britânica, Canadá. Também é membro do Conselho Geral do Consulado Dinamarquês, da Câmara de Comércio Dinamarquesa, do Instituto para Desenvolvimento do Varejo, do Grupo Mulheres do Brasil e do Conselho de Desenvolvimento Econômico e Social. Recentemente fundou a organização sem fins lucrativos Capacita-me, para capacitar estudantes e profissionais de comunidades carentes.

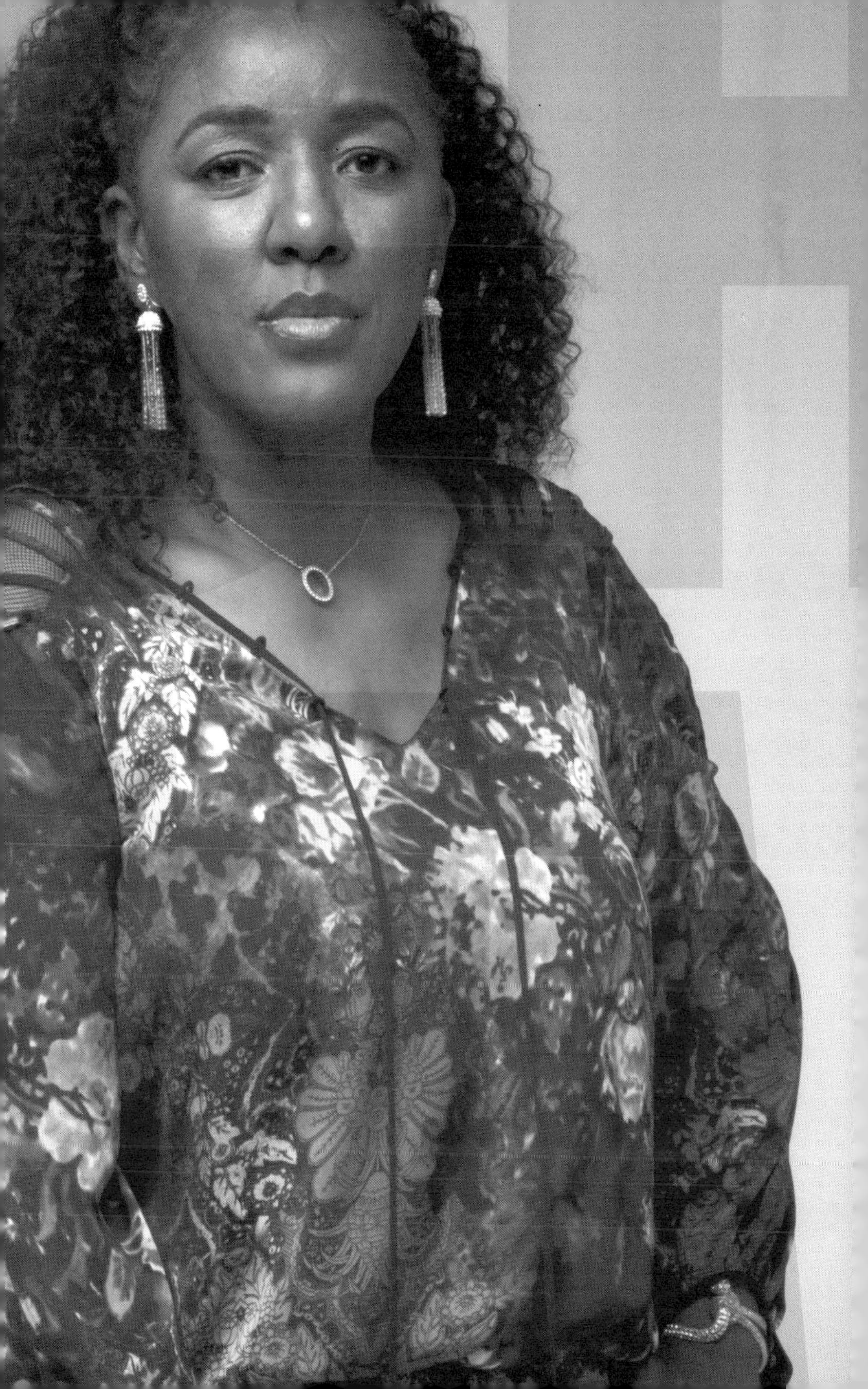

ACH
MAIA
RAC
MAI

Fórum Brasil Diverso 2019.

**MAURÍCIO PESTANA –** A senhora se sente muito cobrada pela questão do trabalho com a diversidade e com a inclusão racial?

**RACHEL MAIA –** Ah, claro, né? Mas, como sou humana, às vezes estou muito bem preparada e às vezes, não. Tenho as minhas misérias também e em alguns momentos estou mais frágil, mais carente ou até mesmo não tão bem preparada para receber a cobrança de ter que ser a heroína naquele momento. E tudo certo, está tudo bem. Sou só mais uma dentro desse processo. Claro que não posso ignorar o fato de estar sentada numa cadeira a que poucos como eu têm acesso. Quero que haja muito mais. Recentemente falei o seguinte para você: "Pestana, hoje não tenho capacidade de atender todos os pedidos que eu recebo." Não tenho essa capacidade porque as pessoas me veem como alguém que está inteiramente disponível para responder às questões referentes à inclusão. E não estou ali só para isso. Pelo contrário, estou tentando fazer com que uma empresa tenha sucesso, porque é a minha função primordial. Mas com o meu exemplo de conhecimento, de *consumer experience*, de varejo e tudo mais, sem precisar falar nada, vou dizer que dá. Eu cheguei aonde cheguei e você também pode. Mas é mediante a ação. Então, sim, a cobrança vem.

Hoje tento responder muito mais por meio dos atos. Hoje eu represento, consegui fazer com que uma empresa fechasse com dois dígitos de crescimento. Não vou usar de falsa modéstia. Com esses atos, acho que dá para fazer com que se pense: "Que bacana, tem uma atitude diferente ali." Hoje consigo estar com os amigos que me convidam para fazer alguma coisa. De resto, é muito complicado atender a todos.

Portanto, sim, existe uma demanda natural, porque ainda sou a única presidente de empresa global da minha etnia e que representa essa mulherada. E, quando a gente entra, a gente entra para fazer a diferença mesmo. Mas eu gostaria muito que tivesse esse outro lado. Mais do que simplesmente falar sobre a inclusão, pensar quais são os atos que me fizeram estar sentada onde estou. Aí eu acho que é bacana e dá para travar uma boa discussão.

**MP –** A senhora criou uma organização de capacitação de jovens negros e negras da periferia que visa à inserção deles em grandes empresas. Pode falar um pouco dessa sua contribuição para um Brasil mais diverso no meio corporativo?

**RM –** Para discutir sobre um Brasil diverso, não necessariamente temos que falar só para pessoas de etnia negra. Nós já sabemos que merecemos o nosso espaço. Somos 56% da população. Então já sabemos o que merecemos. Essa proporção de quatro para um é que não está certa. Essa conta não está fechando. Então o que fazer? Trazer ações efetivas. Vou ilustrar com um exemplo meu, porque acho que fica mais fácil de entender. Tenho uma organização chamada Capacita-me, em que não tenho a pretensão de treinar as pessoas pela especificidade da empresa, mas vou às periferias, junto com a minha irmã, que é pedagoga. Vamos às favelas, vamos às comunidades, vamos às igrejas e muitas vezes arrancamos talentos desses locais. Depois vou bater na porta dos outros presidentes. Dou trinta horas para devolver a hombridade a essa pessoa, a necessidade que ela tem de sonhar. Mas não só de sonhar: de planejar e executar. Essa é a minha responsabilidade com essas pessoas que arranco das entranhas da periferia. Só que preciso do outro lado. E qual é o outro lado? São esses presidentes, executivos, amigos meus, na porta de quem eu bato e que dão uma vaga a elas. Estou fazendo um pouquinho. E esses presidentes, meus amigos, que oferecem uma vaga, mostram como esse talento que vai voltar para a periferia pode ser um replicador. Sabe, é como colocar aquela celulazinha positiva dentro de um espaço. É isso. Acho que temos que fazer esse movimento, mas para que esse movimento, no final do dia, faça barulho. Fazer com que a coisa seja mais do que simplesmente "nós temos 56% da população, de quatro para um, e o inverso é verdadeiro no topo da pirâmide de um para quatro". O.K. E o que você está fazendo no final do dia? Roubaram seu direito de sonhar? Procure alguém para ajudá-lo, para lhe devolver esse direito de sonhar.

A minha balança tem muito mais nãos do que sins. Eu passei um ano e meio no Canadá estudando inglês porque ficava morrendo de raiva quando falavam em inglês e eu não sabia o que estavam conversando. Pensei comigo mesma: "Cara, vou pegar o dinheiro da rescisão da primeira empresa em que trabalhei e aplicar em mim mesma." Mas eu só teria dinheiro para uma refeição por dia. Fui lá e fiz. Porque era mais forte do que eu. Era um sonho meu. Voltei para cá já com um prumo diferente. Aí assumi como *controller* da Novartis.

Mas acho que isso faz a diferença, sabe? Esse barro que a mãe ou o pai da gente faz. Amassa o barro, coloca um pouquinho de grama para ficar mais firme, aí depois põe lá no forno, quebra de novo, volta para cá. A gente precisa saber que vai ser quebrada. Vão quebrar, vamos voltar para a olaria, vão nos colocar de volta no forno. Vão assar de novo e, de repente, nós vamos virar aquele vaso forte.

Caso contrário, vamos ficar falando para uma audiência que já está dentro de um processo no qual nós precisamos fazer a inclusão. A audiência lá fora é que nós precisamos fazer. Estou ajudando uma galera bacana lá da periferia que tem sede de oportunidade em grandes empresas e que hoje sente vergonha de se candidatar a elas. E, de repente, são talentos que vão fazer a transformação. Porque o mesmo *mindset* não vai nos levar para o *next step*. É desses talentos que nós estamos precisando.

**MP –** E como a senhora sensibiliza os CEOs para essa questão que percebe na periferia? Como sensibiliza os CEOs das grandes empresas? Isso poderia virar uma política pública, a sensibilização de agentes públicos. O que pensa sobre isso?

**RM –** Eu ainda estou fazendo o trabalho de formiguinha. Não sou boa em tudo, nem tenho pretensão de ser. Neste momento, ainda estou com dificuldade de saber como conseguir reverberar isso de uma forma mais *macro view*. Por ora, só vejo que existe a possibilidade, sei porque sou mentora de vários talentos da periferia e porque inseri essa galera.

Há duas semanas fui convidada para uma galinhada. Nós somos de Minas, e todo mundo sabia que eu sou de Minas e que sou glutona. Aí a galera fez polenta, quiabo e frango. "Vamos convidar a Rachel." Pegaram o salão lá da paróquia e convidaram, sei lá, quinhentas pessoas. Tinha muita gente que queria conversar um pouco. E eu só sei que tinha muito frango e muito quiabo para tudo quanto é lado. E muita polenta. Então eu vi uma menina tão simples, tão bonita e tão bacana liderando o processo da cozinha. Fui perguntar a ela: "O que você faz da vida?" Ela respondeu: "Então, dona Rachel, eu acabei o meu segundo grau." Eu disse: "Eu tenho cinquenta anos. Quantos anos você tem?" "Tenho 23." Insisti: "Você acabou o segundo grau e por que não está fazendo faculdade?" E ela me respondeu: "Olha, agora está ruim. Deu ruim de grana porque eu tenho dois filhos para criar." Aquela é a situação de 80% da periferia. E aí fiquei lá na cozinha. A maestria daquela menina coordenando todo o ambiente... Eu queria que ela fosse minha assessora pessoal. Ela possuía uma capacidade de gerir todo aquele processo. Ali havia um talento.

Quem disse que necessariamente aquele talento está vindo das faculdades de primeira linha? Não está. Essa transformação não vai vir da mesma mentalidade, do mesmo *mindset*. É exatamente por aí. É por aí que eu encontro esses talentos. Depois falei para ela: "Cara, vai ter uma próxima turma do Capacita-me em tal data. Participa? Me ajuda? Vai lá ajudar a minha irmã?" Então é mais ou menos por aí. Eles também não se candidatam. Acho que vocês podem me falar muito melhor aqui. Os talentos não ficam levantando a mão e dizendo: "Ó, vem cá, eu sou um talento, me pega." Pelo contrário. Muitas vezes esses talentos estão deprimidos, dentro de casa, criando filhos ou algo do tipo. Você tem que ficar atento. Precisa estar alerta. Porque, do contrário, o Brasil não vira a página. Nós todos temos a responsabilidade de não esperarmos baterem à nossa porta e de ficarmos atentos para encontrar esses talentos. Ou de repente a gente perde a oportunidade, e o Brasil terá perdido a oportunidade — é mais ou menos por aí. Então é isso. Outro dia uma cozinheira me chamou a atenção e ela agora está comigo.

# DIVERSIDADE NAS EMPRESAS: PRODUTIVIDADE X MARKETING

Publicado por Maurício Pestana na revista *IstoÉ Dinheiro*, em 28/03/19.

Tentando acompanhar essa tendência da diversidade, empresas brasileiras, em sua maioria, entraram nesse processo de forma atrasada e algumas erroneamente vêm pulando processos.

Desde que comecei a acompanhar, há algumas décadas, o movimento pela inclusão e incentivo à diversidade nas empresas, percebo que passamos por três fases distintas em nosso país: A primeira, das pioneiras, empresas multinacionais norte-americanas que seguiam as diretrizes de suas matrizes do Norte e, inspiradas nelas, tentavam fazer algo aqui. Nesse primeiro momento, trinta anos atrás, destaco Levis Strauss, marca de roupa, e de uma fabricante de bip, a tataravó do celular, a empresa Motorola.

A segunda fase veio já no despertar deste século 21: empresas preocupadas com a globalização — a maioria novamente multinacionais. Com o advento de um mundo cada vez mais diverso e globalizado, produzir para pessoas tão diversas como europeus, asiáticos, africanos, latino-americanos com religiões, culturas e etnias tão diferenciadas, a diversidade passa também a ser um bem de consumo.

A terceira fase, e olhando especificamente para o Brasil, houve uma corrida nos últimos dez anos não só por conta do nosso atraso em termos de diversidade, mas também por uma pressão cada vez maior do público interno com uma população gigantesca, diversa, desigual, mas mais informada e atenta aos malefícios das discriminações de raça e gênero.

Tentando acompanhar essa tendência, empresas brasileiras, em sua maioria, entraram nesse processo de forma atrasada e algumas erroneamente vêm pulando processos, ao invés de atacar o problema e enfrentá-lo no cerne da questão, que é a área de recursos humanos, têm transferido o problema para o marketing, mudando um pouco a cara da empresa, colocando negros e mulheres para apresentar seus produtos, o que também ajuda, mas não muda de parâmetro as diferenças gritantes quando se trata de cargos e salários.

Se analisarmos, por exemplo, a pesquisa Ethos de pouco mais de 10 anos comparada com a mesma pesquisa, que encomendei quando ainda era secretário da igualdade racial da cidade de São Paulo junto às 500 maiores empresas do país, veremos que o que mais mudou em 10 anos foi o marketing e a visibilidade do problema, porque de forma estrutural negros e mulheres continuam altamente discriminados em cargos e salários na economia brasileira.

A boa notícia é que as poucas empresas que levaram a sério a máxima de que a diversidade dá lucro e é um bom negócio estão vendo seus produtos e a relação com seus consumidores prosperarem. Ao passo que as que investiram só em marketing começam a ser cobradas pelos números cada vez mais públicos de como é que estão negros e mulheres nos cargos decisórios das empresas, e começam a ter consciência de que a importância da diversidade no mundo corporativo é um caminho que não tem volta.

# GUSTAVO WERNECK

Gustavo Werneck é CEO da Gerdau desde 2017. Antes de assumir essa posição, foi diretor-executivo da operação Brasil, diretor corporativo de tecnologia da informação e diretor industrial da Gerdau na Índia. Formado em engenharia mecânica pela Universidade Federal de Minas Gerais, com MBAs em gestão no Insper e na Fundação Getulio Vargas (FGV), além de cursos de aperfeiçoamento no Instituto Europeu de Administração de Empresas (INSEAD), na Harvard Business School, na Kellogg School of Management e na London Business School.

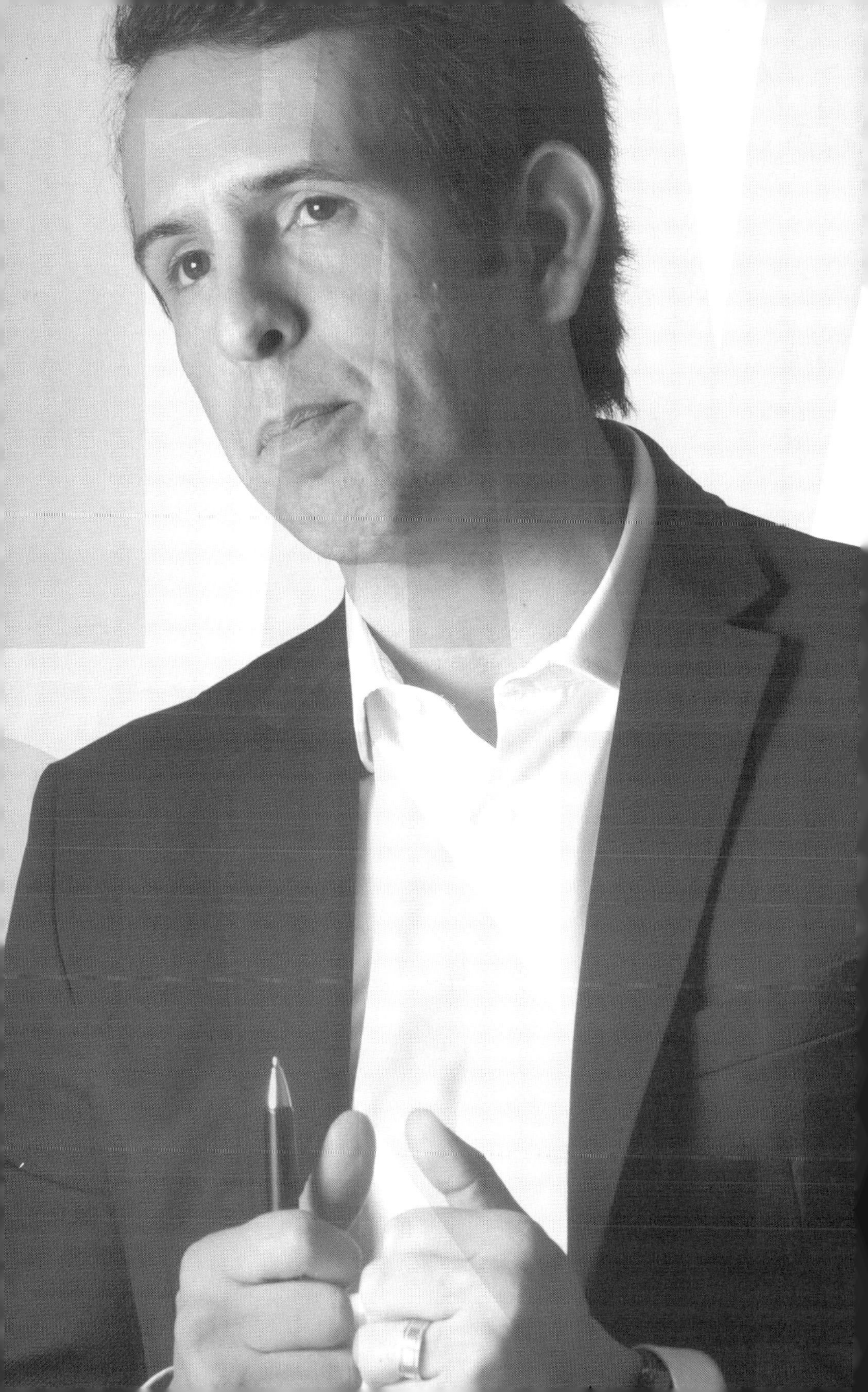

GUSTA
VERN
GUST
RNEC

Entrevista concedida em 17/08/2020.

**MAURÍCIO PESTANA –** Quando o senhor começou a perceber que algo estava errado na questão racial?

**GUSTAVO WERNECK –** Tenho refletido, como líder e cidadão, cada vez mais sobre como podemos contribuir para uma sociedade mais justa e inclusiva. Na Gerdau, nosso nível de consciência foi aumentando conforme começamos a trabalhar com o tema diversidade e inclusão na empresa, em meados de 2017. Desde então, mergulhamos nos temas dos quatro pilares que temos trabalhado internamente (Gênero, LGBTQI+, Pessoas com deficiência e Raça) e começamos a analisar os aspectos referentes a nossa demografia, inclusão e carreira em todos esses temas.

Na questão racial, tivemos que manter um olhar mais atento porque nossos indicadores mostram uma participação de 44% de negros no total de colaboradores e 25% no número de posições de liderança. Porém, se olhamos para a composição da sociedade brasileira como um todo e para posições de alta liderança ou, então, consideramos os aspectos de interseccionalidade, como mulheres negras em posição de liderança, identificamos que há muita oportunidade para avançarmos.

**MP –** O senhor é dirigente de uma empresa global. Quantos negros conhece como CEOs no mundo corporativo brasileiro e no cenário mundial?

**GW –** No cenário brasileiro, quando falamos de grandes empresas brasileiras realmente só me lembro da Rachel Maia. O que acontece no Brasil é um fenômeno no qual temos empreendedoras negras de destaque, algumas delas que já trabalharam dentro de grandes empresas e que fundaram e presidem suas próprias empresas, pequenas, micro e médias, como Liliane Rocha da Gestão Kairós, Sheila Makeda da Makeda Cosméticos, Maitê Lourenço do Black Rocks, Maria Gal da Maria Produtora e Shaienne Aguiar da Mascavo Criativo. São destaques importantes que mostram a potência da comunidade negra brasileira, abrindo novos espaços.

No cenário global não me lembro de um CEO negro que faça parte da minha rede de relacionamentos, ou cuja história eu tenha acompanhado no período recente.

**MP –** "No Brasil não tem racismo", "isso é coisa que querem trazer para cá", "assim que o negro estudar e lutar, ele vai chegar lá". Essas frases ainda são muito comuns no meio corporativo. Como responder a cada uma dessas indagações?

**GW –** Para contribuirmos com a erradicação desse problema estrutural da nossa sociedade, o racismo, é preciso assumir que ele existe. E, ao assumirmos, é preciso que nos posicionemos como cidadãos antirracistas.

Também acho que é papel das empresas contribuir para a conscientização e superação desse problema estrutural, bem como promover um ambiente de trabalho antirracista e inclusivo. Na Gerdau, nos empenhamos em empregar e promover a pessoa mais bem qualificada para cada cargo e, ao mesmo tempo, valorizar e promover a diversidade entre nossos colaboradores.

É preciso valorizar as competências das pessoas: conjunto de conhecimentos, de habilidades e de atitudes. A realização de escolhas com base no mérito coloca objetividade em escolhas que podem estar sendo realizadas apenas por critérios como amizade, semelhanças com o perfil do gestor, entre outros.

É preciso lembrar que não há como falar em mérito em uma sociedade tão desigual quanto a brasileira, em um sistema no qual constantemente classificamos as pessoas por serem formadas em faculdades ditas de primeira ou de segunda linha. Uma sociedade na qual o padrão estético de beleza valorizado é o branco e na qual classe social e renda são verdadeiros gargalos de acesso a direitos básicos.

A valorização da diversidade sugere perceber os nossos vieses inconscientes e enfrentar preconceitos e práticas de discriminação centrando-se nas qualidades, características, singularidades dos profissionais e no que cada um pode agregar à empresa. Significa não deixar de contratar alguém que é um ótimo profissional, mas... (é mulher, é homossexual, é pessoa com deficiência, é negro e assim por diante). Onde há "coincidências", com uma equipe toda muito parecida, geralmente não se levou o mérito efetivamente em consideração.

Para garantir acesso e oportunidades a TODOS, o posicionamento claro e transparente da empresa como favorável à diversidade já ajuda, pois perfis que talvez não se sentissem atraídos pela organização percebem que serão valorizados. Além disso, devem-se ampliar as formas e os locais de recrutamento de maneira que se possam alcançar profissionais de diferentes formações, culturas, raças, condições sociais, entre outros.

Também é importante ampliar o conceito de mérito e sua aplicação na gestão de pessoas. Uma empresa não é feita dos melhores talentos individuais, mas da qualidade da interação entre todos para produzir bons resultados e, nesse aspecto, a diversidade tem muito com que contribuir.

**MP –** Em sua trajetória escolar e profissional, o senhor consegue se lembrar da quantidade de negros ou negras que fizeram parte do seu ambiente? Eles estavam em mesmo pé de igualdade? Tiveram a mesma ascensão que o senhor teve?

**GW –** A quantidade de negros sempre foi pequena e, via de regra, não estavam em pé de igualdade e não usufruíram das mesmas oportunidades profissionais que eu tive.

**MP –** Desde que o senhor começou a lidar com a questão racial na sua empresa, o que mudou na empresa e no senhor nesse quesito?

**GW –** Analisando nossa demografia e a forma como brancos e negros avançam em suas carreiras na sociedade brasileira e na Gerdau, identificamos que a maior barreira se encontra na entrada em posições administrativas ou de estágio, que para a nossa realidade são os postos que formam os futuros líderes.

Por isso, passamos a implementar algumas ações afirmativas com o objetivo de aumentar a diversidade racial nas posições de entrada e reforçar nosso quadro de colaboradores. Nesse sentido, realizamos programas de estágio e aprendizagem direcionados à contratação de jovens negros. Como uma das etapas desse programa, houve uma sensibilização com os tutores e futuros gestores desses estagiários/aprendizes para evitar que vieses impeçam uma avaliação isenta das competências dos candidatos e para que todos pudessem apoiar e contribuir para a efetiva inclusão desses estagiários/aprendizes em nossa empresa. Em tais programas, os jovens passam por uma trilha de desenvolvimento com conteúdos técnicos e comportamentais com o objetivo de prepará-los para avançar na carreira em nossa empresa.

Além disso, colocamos em prática algumas ações com o objetivo de dar maior visibilidade para negros que já ocupam posições de liderança. Representatividade é muito importante.

Também precisamos rever a forma como nossa empresa se coloca para o mercado, pois também é necessário comunicar de forma clara que desejamos ter em nosso time de colaboradores toda a diversidade da sociedade. Na Gerdau, por exemplo, revisamos nossas peças de marketing e o site. Parece óbvio, mas até pouco tempo atrás as imagens de nosso site eram em sua maioria de jovens homens brancos, com poucas mulheres e poucos negros.

**MP –** O que o senhor não recomendaria de forma alguma para uma liderança que queira iniciar um processo de inclusão racial na própria empresa?

**GW –** É muito importante ter credibilidade interna antes de qualquer posicionamento, ação de marketing ou mesmo ações sociais da empresa. Considero um erro a empresa trabalhar as questões raciais apenas "da porta para fora", antes de colocar em prática ações para reduzir as desigualdades em função de raça na população de seus colaboradores. Por isso, acredito que seja importante reconhecermos que não somos uma empresa perfeita, mas que aprendemos e reaprendemos o tempo todo, buscando avançar nessa jornada de diversidade e inclusão.

Ter coragem para fazer o que é certo é fundamental. Nem todos vão entender em um primeiro momento, mas com o tempo será possível explicar para a sociedade e toda a empresa que trabalhar a diversidade é uma questão de justiça social e vantagem competitiva. É a coisa certa a fazer e é o melhor para o negócio.

Por vezes quando fazemos um posicionamento em nossas redes sociais notamos posicionamentos contrários, mas também percebemos muitos outros favoráveis e fortes.

Inovar e dar passos que outros não deram antes também é fundamental. Recentemente, por exemplo, cedi a minha conta oficial no LinkedIn para que Liliane Rocha, especialista em diversidade, mulher e negra, pudesse passar uma semana levando reflexões mais profundas sobre a temática racial no Brasil. A repercussão foi muito positiva: executivos compartilharam informações, esclareceram dúvidas e se engajaram, e a partir dessa iniciativa pudemos ver muitos outros CEOs compartilhando seu perfil do LinkedIn com especialistas negros.

**MP –** Que dicas o senhor daria para quem quer começar a trabalhar a questão racial em sua empresa?

**GW –** O comprometimento da alta liderança e o protagonismo do CEO como grandes patrocinadores do tema são essenciais para a conexão do tema à estratégia do negócio e promoção do engajamento de todos os colaboradores.

**MP –** Quais foram as maiores dificuldades quando o senhor começou a abordar a questão racial na sua empresa?

**GW –** Nem todos partimos do mesmo lugar. Temos experiências e formações distintas, e cada um de nós leva um tempo para refletir sobre vieses inconscientes e mudar o modo como enxergamos o mundo e como nos comportamos. Mas vejo que devemos, mais do que olhar para trás, olhar para a frente. Nesse sentido, entendo que a empresa deixa claro o caminho que está seguindo, os valores e princípios que valoriza e aonde pretende chegar. Todos nós podemos ser agentes da mudança e podemos influenciar positivamente as pessoas com quem convivemos a se engajarem pela diversidade e pela construção de um mundo mais igualitário.

**MP –** Nestes tempos tenebrosos em que vivemos com pandemias, fugas de capitais e investimentos, recessão e pouca liderança política no Brasil, que futuro o senhor vê para o tema igualdade racial em nosso país?

**GW –** Acredito que a diversidade é um caminho sem volta. Para construirmos um futuro cada vez mais diverso e inclusivo, é preciso que todos nós, como sociedade, saibamos respeitar o próximo. Nesse sentido, acredito que o tema da igualdade racial esteja ganhando cada vez mais importância e as lideranças do país serão cada vez mais cobradas sobre o que elas estão fazendo a esse respeito.

**MP –** Para preparar uma liderança em um cargo estratégico em uma empresa, quatro passos são fundamentais: a contratação, a manutenção, o investimento nessa liderança e, o principal, a promoção. Onde o senhor vê mais dificuldade?

**GW –** Em nossa realidade, a maior dificuldade está na contratação. Quando analisamos os dados referentes ao desenvolvimento de carreira de brancos e negros na Gerdau, não identificamos barreiras que impeçam o crescimento de negros em comparação aos brancos. As avaliações de performance, reconhecimento de talento e sucessão são similares. Como desafio, temos a necessidade de ampliar a participação de negros em todos os programas internos de formação de líderes.

# A COR DO PIB BRASILEIRO

Publicado por Maurício Pestana na revista *IstoÉ Dinheiro*, em 08/08/16.

Um recente trabalho realizado pela BBC Brasil traçou o perfil do seleto grupo pertencente ao 1% dos mais ricos em nosso país, aqueles que absorvem a maior parte do PIB brasileiro. O resultado, apresentado em uma série de reportagens, não surpreendeu em nada os analistas dos indicadores sociais e raciais brasileiros.

Neste seleto clube, a presença de negros é de 17,4%, segundo dados do Instituto Brasileiro de Geografia e Estatística (IBGE), classificação usada pelo órgão para os que se autodeclaram pretos e pardos. Muito aquém de sua representatividade na sociedade, de 56%. Os percentuais restantes se referem a amarelos e a indígenas. O 1% mais rico é formado por 79% de brancos.

Alguns institutos divergem do que é necessário para fazer parte deste seleto grupo. O Ipea, por exemplo, aponta que para ser admitido no clube, o sujeito tem de ter uma renda de, no mínimo, R$ 260.000,00 (duzentos e sessenta mil reais) líquido no ano.

As estatísticas seriam normais e esperadas — e até veríamos isso como um dado positivo analisando o histórico de vida, oportunidades de educação e condição social dos negros que, até pouco mais de um século eram escravizados, e que saíram de uma situação diferenciada dos outros grupos sociais que compõem a sociedade brasileira. Mas quando o estudo considera as trajetórias e o que fizeram esses negros para pertencer ao restrito grupo, podemos ver que sua ascensão e seu desenvolvimento econômico estão estritamente ligados ao mercado de trabalho e não a heranças ou quaisquer outros mecanismos que boa parte dos milionários brasileiros têm à sua disposição.

A entrada, permanência e ascensão de negros do país ao 1% mais rico e desenvolvido passa essencialmente pela porta da admissão no mercado de trabalho. E essa porta tem um porteiro: o profissional da área de recursos humanos. O perfil de um dos entrevistados da BBC Brasil é a demonstração evidente deste quadro. A reportagem mostra a trajetória de Mônica Valéria Gonçalves, de 47 anos, servidora pública de um tribunal em Brasília, casada com um juiz de direito branco. Ela, portanto, faz parte do clube, evidenciando que boa parte dos que conseguiram a ascensão tiveram a oportunidade de trabalho não necessariamente passando pelo crivo de um recrutador e, sim, por meio de um concurso público.

Outro caso de negros que integram o 1% mais rico do Brasil é o de Cesar Chagas Santos, de 50 anos. Empresário de origem humilde, pós-graduado em engenharia ambiental, conseguiu fazer fortuna com seu espírito empreendedor — é dono de uma empresa que vende resíduos recicláveis para a indústria. Mesmo assim, já foi confundido com um manobrista em um evento no luxuoso hotel Copacabana Palace. Isso nos leva a crer que não há dúvidas de que o desenvolvimento econômico dos afro-brasileiros em geral não tem passado pelo mercado formal do trabalho, quando se considera as oportunidades dos grandes salários.

Num país com população de 206 milhões de habitantes, em que os negros são mais da metade desse total, ter apenas 1,4 milhão de negros afortunados mostra um desiquilíbrio estrutural na sociedade brasileira — não só econômico, mas racial. A boa notícia vem dos indicadores dos últimos anos que têm demonstrado que em 10 anos o grupo minoritário no clube dos afortunados passou de 12% para 17,4% em 2014.

Quando analisamos os números globais, os negros que ocupavam 2% dos bancos das universidades, há 15 anos, hoje ultrapassam os 20%. A evolução também se dá no mercado de trabalho. Hoje os negros ocupam boa parte das vagas de *trainees* e estagiários. Mas a admissão e promoção para cargos estratégicos ainda não ultrapassam os 5%, segundo pesquisa do Instituto Ethos nas 500 maiores empresas do Brasil. Atualmente, o negro também já é maioria entre os empreendedores no país.

De olho nesses dados, várias empresas têm se preocupado em desenvolver políticas inclusivas — seja na área racial, de gênero ou social —, dando ênfase a uma maior diversidade nos seus quadros profissionais.

Porém, ainda há um longo caminho a ser percorrido em nosso país. O setor público saiu na frente. Hoje leis que reservam cotas raciais no serviço público estão em evidência, inclusive no Judiciário. Cabe à iniciativa privada acompanhar esse movimento de forma livre organizativa e, principalmente, social.

MPRES
ESA ANT
TIRRAC
CISTA

# MARIA CRISTINA SAMPAULO

Maria Cristina Sampaulo é vice-presidente da área de gestão de capital humano da Goldman Sachs em São Paulo. Coordenadora de estratégias de diversidade, treinamento e recrutamento universitário para o escritório do Brasil, é conselheira de diversidade para a Rede de Mulheres, representante da área de desenvolvimento de talentos e membro do comitê geral de LGBTQI+ da Goldman Sachs. Desde 2016 também faz parte do conselho da organização sem fins lucrativos WILL — Women in Leadership in Latin America. Maria Cristina é formada em contabilidade pela Universidade São Judas Tadeu.

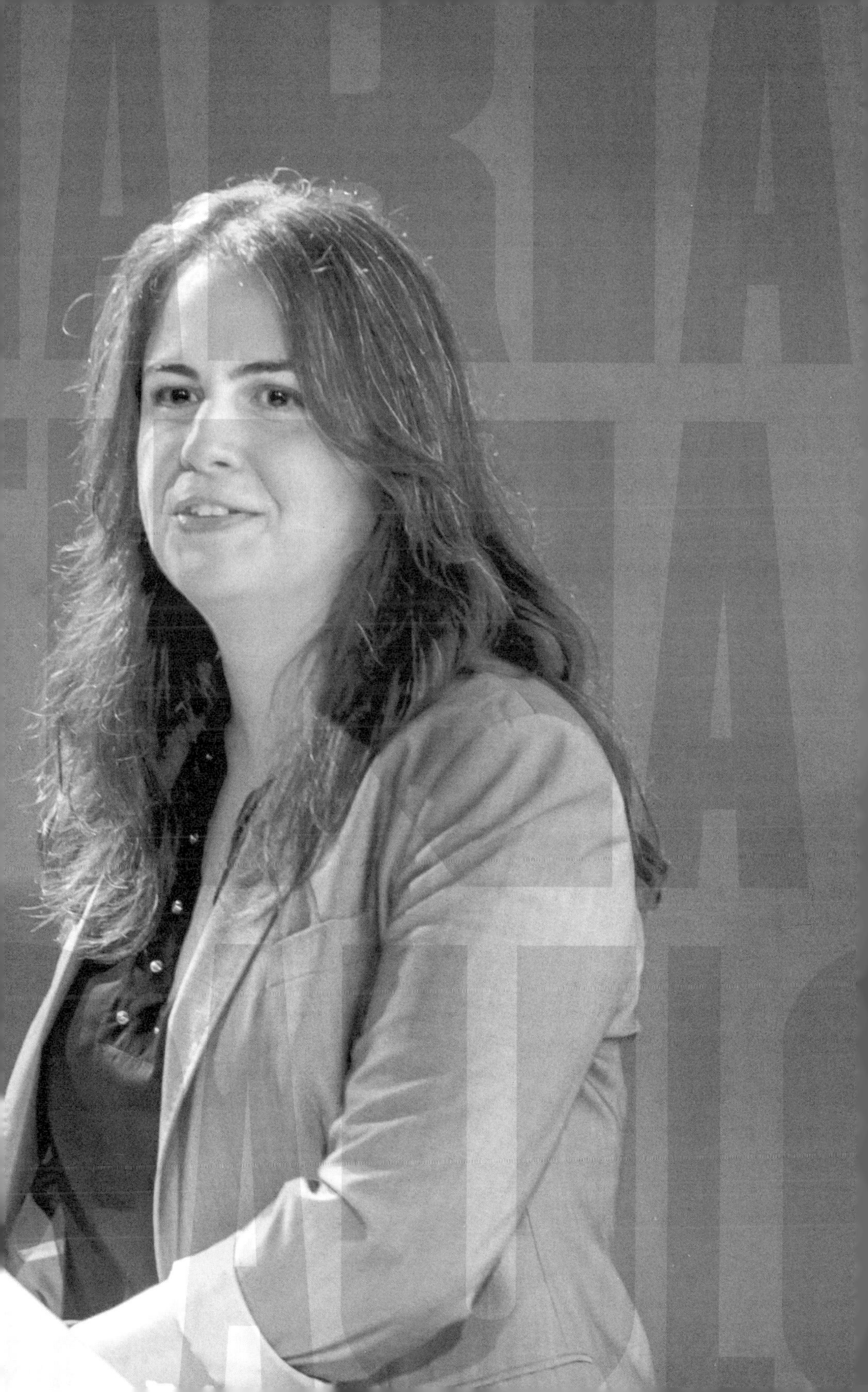

# TATTA
# RISTIN
# MPAUL
# MARIA
# CRISTI

Fórum Brasil Diverso 2019.

**MAURÍCIO PESTANA –** Gostaria de iniciar perguntando como foi seu despertar para a necessidade de inclusão racial e o que acha que é preciso para criar vagas efetivas para pessoas negras nas empresas.

**MARIA CRISTINA SAMPAULO –** Posso contar um pouquinho sobre como comecei a olhar para a causa racial. Eu comecei na Goldman Sachs. Tenho uma história meio atípica lá. Comecei na recepção, depois trabalhei na área de *facilities* no banco. E tenho uma característica de diversidade também porque, além de mulher, sou lésbica. Quando tive a oportunidade de fazer uma transição para o RH, o que veio na minha cabeça foi: "Bom, ou eu falo dessa minha questão de diversidade, porque é a área que carrega essa bandeira, ou nem vou para o RH." Então resolvi ir. Me assumi como lésbica lá dentro e fui muito bem recebida. Até então eu pensava assim: "Que diferença isso faz no meu dia a dia de trabalho?" Só depois que falei é que percebi como fazia diferença, porque a minha vida ficou muito mais leve. Foi como se eu tivesse tirado um elefante das costas.

Dentro do RH, começando a trabalhar com as questões de desenvolvimento e de diversidade, fiquei abismada comigo e

tive uma crise pessoal forte por não ter percebido a questão racial antes. Como eu cheguei aos trinta e poucos anos de idade sem ter reparado até aquele momento que, por exemplo, vindo da classe média da zona leste de São Paulo, eu só tive uma colega negra na escola primária? Como nunca tinha notado isso antes? Como não percebi que eu não tinha pessoas negras ao meu redor? Como pude ser tão cega durante tanto tempo? Isso me incomodou bastante e resolvi tentar ver se, dentro de uma organização que tem uma cultura tão forte nesse sentido, eu não conseguiria emplacar alguma coisa para tentar mudar um pouco esse cenário.

O banco tem uma estrutura pequena aqui no Brasil. Nós temos por volta de 250, trezentos funcionários, e lá o inglês é exigido como parte de qualquer nível de entrada. O estagiário usa a língua desde o primeiro dia de trabalho para escrever, ouvir e falar, porque a gente se comunica muito com a matriz.

Na época, desenhei a iniciativa LIFT. O programa consiste em uma ação afirmativa que tem duração de dois anos, nos quais as empresas envolvidas patrocinam um curso de inglês na Alumni, aqui em São Paulo. Esse curso é acompanhado de mentoria dos executivos das organizações que fazem parte do programa. Cada aluno tem até três mentores. A gente tenta fazer um mix de instituições, porque assim eles podem ter contato também com a cultura dessas organizações, o que a gente acredita ser muito rico. Durante os dois anos de curso, acontece uma semana de inglês intensivo nas férias, e a gente faz encontros mensais para trazer outros assuntos e outras habilidades. Além disso, a mentoria faz esse contraponto de trazer mais desenvolvimento durante o programa.

Enfim, acho que a iniciativa dá oportunidade, com a mentoria, de aproximarmos as realidades. Já ouvi muitas pessoas falarem: "Ah, mas eu conheço uma pessoa negra que passou por isso e aquilo." Então começam a listar todas as dificuldades pelas quais a pessoa passou e concluem: "Ela conseguiu chegar numa posição de destaque." Está bem, só que você não pode colocar a exceção como regra. As pessoas não têm que passar por tanto sufoco para chegar ao mesmo lugar aonde a gente consegue chegar sem precisar passar por tanta coisa.

Por isso, acho que, naturalmente, se o mentor ou mentora se importar minimamente com aquele estudante que está no programa, essa aproximação de realidades vai fazer com que as pessoas percebam que todo mundo sai de um lugar diferente, e que a questão racial, em meio a todas as que discutimos com mais frequência no Brasil, é a mais urgente.

O ponto aí é que a gente só vai mudar esse cenário se brancos e negros caminharem juntos. Eu acho um desperdício de talento enorme desprezar mais da metade da população. Na verdade, os talentos estão em todos os lugares — as oportunidades é que não estão. Portanto, sempre que der para trazer oportunidade para as pessoas, a gente está fazendo um bem maior para todo mundo, para as instituições em que a gente trabalha e tudo mais.

**MP –** E o processo de seleção desses profissionais? A busca das empresas muitas vezes recai em universidades mais tradicionais, onde é possível encontrar profissionais prontos. Não é muito mais difícil trabalhar a inclusão racial dessa forma?

**MCS –** Olha, eu concordo. O LIFT, programa do qual falei, é pensado para um desenvolvimento pré-contratação. Acredito que a seleção tem que ser a mais abrangente possível. Essa questão da universidade realmente precisa ser feita de uma forma mais ampla. Vou citar um dos participantes do LIFT: "A gente não sonha com aquilo que não conhece." Identifico dois pontos aí: acho que as empresas acabam sendo muito restritivas na questão das universidades e do perfil dos candidatos, e também tem muita gente que não consegue enxergar outros mundos como oportunidade.

Eu posso falar — afinal, quando entrei na recepção do Goldman Sachs não conhecia o banco. Quem olha hoje para uma grande empresa como um Google, um Facebook, pode pensar: "Ah, eu vou me candidatar e vai dar certo?" As grandes marcas fazem as pessoas pensarem muitas coisas assim: "Será que devo me candidatar para esse programa? Acho que não vou entrar mesmo..." Por isso, penso que o RH das instituições tem obrigação de fazer um trabalho um pouco mais amplo. Às vezes é difícil quando você tem um time muito pequeno de aproximação. Mas acho que a gente está caminhando para um futuro de líderes educadores. E as habilidades pessoais e interpessoais, de inteligência emocional, vão ser muito importantes. As habilidades técnicas vão ser mais fáceis de ensinar. Outras características comportamentais são mais difíceis, e temos gente muito boa e criativa por aí que acabamos não conseguindo contratar. Mas é um trabalho constante e tem que ser um bombardeio, é um trabalho um a um.

Dos gestores também. Pelo que percebo, o RH faz um trabalho forte dentro das organizações, mas tem uma média gestão, uma liderança que às vezes comprou mais a ideia, um pessoal que está investindo pesado nessas questões de diversidade e inclusão. Por outro lado, também há uma gestão média que ainda está se perguntando o que está acontecendo. Então a gente precisa desempenhar o papel educativo de falar: "Olha, não basta você querer trazer o talento... Vá atrás dele onde ele estiver e, quando ele chegar, dê oportunidade que ele mostre o que tem para pôr na mesa." Não adianta só ter um grupo diverso se as pessoas não se sentem acolhidas para trazer as suas ideias.

**MP –** Que desafios a senhora enxerga no trabalho com a inclusão e a diversidade?

**MCS –** Um desafio que vejo e falo para o pessoal do programa é que, possivelmente, por um bom tempo eles ainda serão os poucos negros dentro das organizações em que entrarem e talvez acabem tendo que enfrentar algumas situações. A gente fala que trabalha os dois grupos ao mesmo tempo, desenvolvendo também as questões de autoconhecimento, de autoestima e tudo mais, porque eles ainda vão desbravar caminhos em algumas organizações.

Outro desafio no trabalho com a questão de diversidade e inclusão é que ainda existe uma dificuldade orçamentária para a gente conseguir se candidatar aos programas ou poder fazer mais. No LIFT, isso acabou gerando uma oportunidade, porque há várias empresas hoje participando da iniciativa, o que gera mais chances também para quem entra poder participar.

E ainda tem as relações, não é? A gente se relaciona o tempo inteiro no ambiente de trabalho e tem que se provar e mostrar o que pode trazer para a empresa, mas as pessoas negras acabam tendo que se provar mais, porque, pelo estado que temos hoje, pela condição social que temos, acaba havendo aí uma duplicidade de preconceitos na questão racial, que às vezes se une à questão social. Então a pessoa tem de fato que ficar se provando, mas ter resiliência. Eu prefiro olhar de um jeito otimista, com a convicção de que, quanto mais a pessoa consegue ao entrar nas organizações, se tiver resiliência e continuar caminhando, isso também vai servir de exemplo para quem está ao redor. E a gente espera que essas pessoas possam depois alcançar uma posição de liderança, na qual consigam fazer a diferença de maneira mais rápida. Mas, enquanto esse caminho está acontecendo, que tenham a força para isso.

A gente sabe, por exemplo, que o programa compete com a vida de todo mundo que participa dele e que, quando as coisas complicam, a pessoa precisa largar algo que estava estudando para poder dar conta de problemas de família ou financeiros. Então precisamos contar um pouco também com a sorte na vida. E acho que realmente não temos um cenário justo, mas também acredito que, se não podemos fazer tudo que gostaríamos, ao conseguirmos fazer um pouco que seja pelo menos estamos tentando mudar um pouquinho. E cada um tem um poder individual muito maior do que pensa. Falo isso o tempo inteiro porque uma ideia no papel é só uma ideia no papel. Se a gente não vende e se não tem outras pessoas que acreditam, ela não sai, acaba não gerando resultados. E esse programa não aconteceria se os mentores e as organizações não acreditassem nele.

Se cada um se dispuser a ser um aliado, ajudando a divulgar, terá o seu papel e poderá trazer resultado maior até do que a gente espera. Porque às vezes a pessoa fala: "Nossa, o problema é tão grande, não vou atuar em nada." Não. Faça alguma coisa. Seja dentro da sua empresa, seja não rir de um comentário racista. Acho que nós, brancos, temos que unir nossas vozes às dos negros para que não se ouça mais dizerem que é "mimimi". Essa responsabilidade é inclusive mais nossa do que de pessoas negras quando ouvimos outro branco fazer um comentário ruim. Pois, quando o negro vai se defender, falam logo: "Está vendo? É mimimi." Então a gente tem que se posicionar, ser antirracista. O trabalho individual pode fazer muita diferença, seja como for: uma mentoria, um trabalho voluntário... Para fazer alguma coisa. Se cada um de nós fizer alguma coisa, então nós ajudamos a mudar.

EMPRESA ANTIRRACISTA

# RICARDO GARCIA

Ricardo Garcia tornou-se CEO da Belgo Bekaert Arames em 2018. Antes disso, exercia a função de vice-presidente de recursos humanos e TI da ArcelorMittal Central e América do Sul. Ricardo, que trabalha no grupo desde 1989, começou como analista de recursos humanos na Belga Mineira. É formado em administração de empresas pelo Centro Universitário UNA e em economia pela Pontifícia Universidade Católica de Minas Gerais (PUC-Minas) e pós-graduado em recursos humanos pela Universidade Federal de Minas Gerais (UFMG). Também fez cursos de especialização na União dos Cientistas e Engenheiros Japoneses (JUSE), no Japão, no Instituto Europeu de Administração de Empresas (INSEAD), na França, na Kellogg School of Management e na Wharton School, ambas nos Estados Unidos.

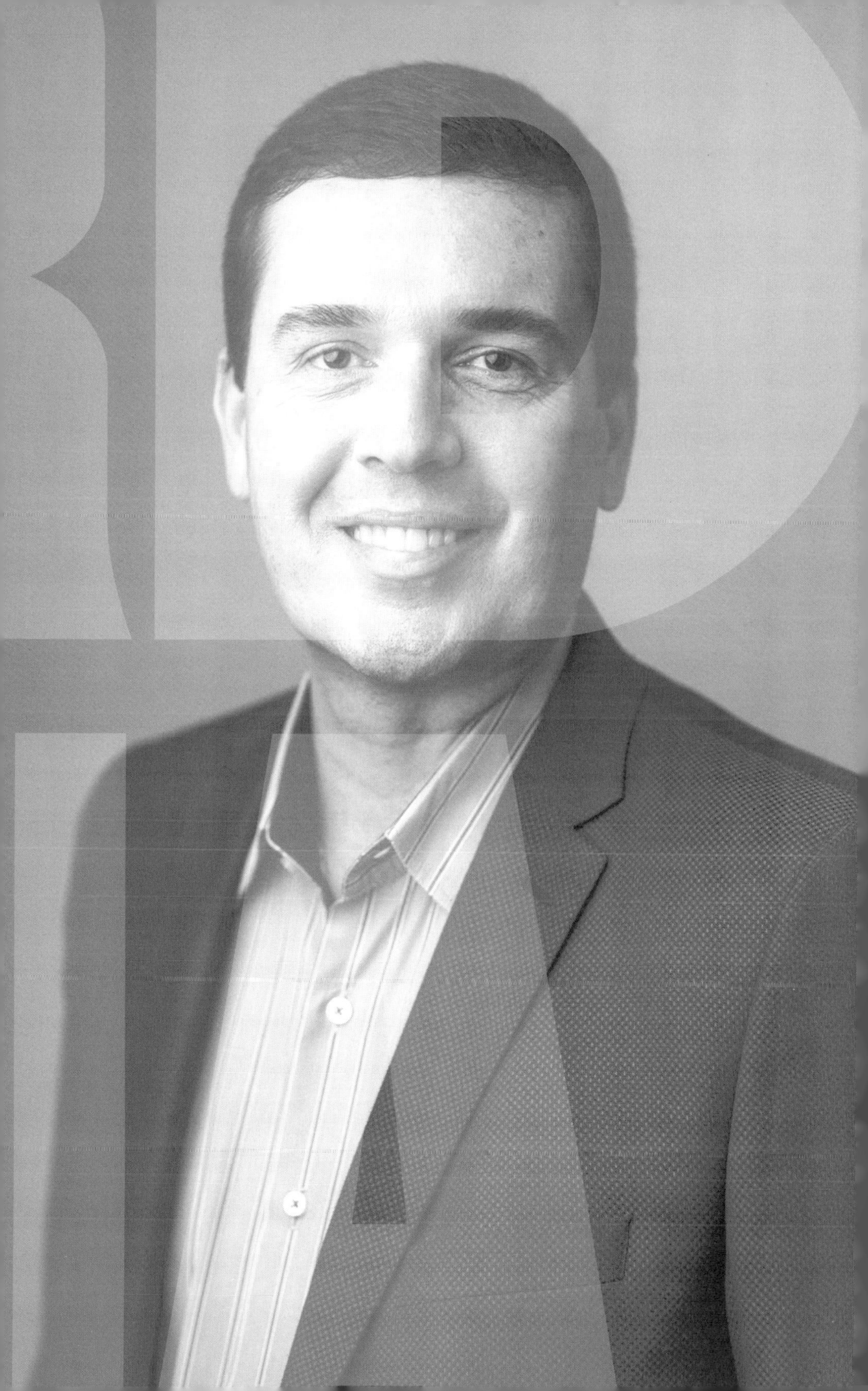

# RICARDO GARCIA

Entrevista concedida em 17/07/2020.

**MAURÍCIO PESTANA –** O Brasil tem a segunda maior população negra do mundo. Como mudar essa irrisória participação de 4,6% de negros no mercado de trabalho em cargos estratégicos?

**RICARDO GARCIA –** De fato, as pessoas negras ocupam índices irrelevantes nos cargos de liderança no Brasil, independentemente do gênero. Entendo que as mudanças devem vir da base, nas oportunidades, nos programas de estágio e *trainee*, em alterações nos processos seletivos, para que não reproduzam a exclusão via racismo institucional.

É muito importante que as organizações promovam ações que contribuam para eliminar a discriminação racial, como, por exemplo, treinamentos de vieses inconscientes e educação antirracista para líderes e demais colaboradores. Além disso, deve haver uma avaliação de desempenho isenta de vieses, campanhas sustentadas de comunicação interna que visem à conscientização para um ambiente seguro psicologicamente, e deve-se ampliar o envolvimento dos *stakeholders* com os valores e propósito da empresa.

**MP –** Como a sua empresa vem trabalhando a questão da igualdade racial e da diversidade como um todo?

**RG –** A jornada pela diversidade e inclusão da Belgo Bekaert inclui um programa interno em que definimos um comitê. Trata-se de uma equipe multidisciplinar com colaboradores de várias áreas, gênero, raça etc.

Juntos, por meio de grupos de trabalho, elaboramos direcionadores estratégicos e planos de ação, de forma interseccional para que possamos promover oportunidades de crescimento e desenvolvimento para todas as pessoas da empresa.

Entre as iniciativas estão a realização de lives internas de temas variados, como Diversidade Cultural, A Questão Racial, Equidade de Gênero, Pessoas em Condição de Refúgio e O Papel do Aliado, que visam promover o diálogo permanente de importantes temas entre os empregados. Em paralelo, revemos periodicamente processos, políticas, comunicação e métricas, então podemos ver que os avanços estão aparecendo.

**MP –** Para preparar uma liderança em um cargo estratégico em uma empresa, quatro passos são fundamentais: a contratação, a manutenção, o investimento nessa liderança e, o principal, a promoção. Onde o senhor vê mais dificuldade?

**RG –** Eu creio que seja na constância, na manutenção, a exemplo dos desafios que estamos vivendo relacionados à covid-19. Estudo da consultoria Mckinsey de maio de 2020 aponta que 27% dos líderes informam que ações de diversidade estão em *stand-by*. Manter o tema na agenda estratégica, diante das adversidades de ordem humanitária, econômicas e operacionais, reforça o nosso compromisso, uma vez que a retomada dos negócios passa pela diversidade e pela inclusão.

**MP –** Em tempos de crise, pesquisas demonstram que negros e negras são os primeiros a serem despedidos e os últimos a voltarem para o mercado de trabalho. Como o senhor vê a questão racial pós-pandemia?

**RG –** A pandemia tem nos trazido um grande aprendizado e reforçou alguns pontos que já eram de grande relevância, mas que ficavam de alguma forma encobertos: as vulnerabilidades sociais. As questões do racismo, a pandemia silenciosa, que se referem à violência contra meninas e mulheres, foram ampliadas e são pontos de atenção para toda a sociedade. Para mitigar esses riscos, na Belgo Bekaert temos um Comitê de Crises da Pandemia, formado por pessoas de áreas distintas, diferentes gêneros, brancos e negros, cargos, idades e outras diversidades. Esses colaboradores estão nos ajudando a avaliar situações, desenvolver estratégias, trazer novas perspectivas e prevenir a covid-19.

**MP –** Como engajar o time inteiro de uma empresa na pauta da igualdade racial?

**RG –** Esse processo educacional é gradativo e constante. É necessário desde o *onboarding* (integração) dos colaboradores, a fim de que tenham o treinamento direcionado em nossas diretrizes sobre diversidade e inclusão, que seja abordada a questão da equidade racial, além de haver canais de denúncias que acolham quaisquer desvios éticos relativos a preconceitos e discriminação e gestão de consequências.

O programa de formação de líderes deve contemplar a questão de vieses inconscientes, liderança inclusiva e educação antirracista, assim como a trilha de conhecimento dos colaboradores, que deve incluir a questão do letramento racial, o desenvolvimento de cartilha de diversidade com os comportamentos esperados e não tolerados pela empresa, bem como ações relacionadas ao desenvolvimento dos profissionais negros e negras para que alcancem posições de liderança. Além disso, promover rodas de conversas, trazer especialistas no tema, falar sobre o racismo, dar visibilidade às pessoas negras. A lista de iniciativas é longa e estamos comprometidos em acelerar os avanços nessa área.

**MP** – O que uma empresa não pode fazer de jeito algum no âmbito da diversidade?

**RG** – Deixar de praticar o *walk the talk*, ou seja, não praticar o que estamos pregando. É preciso que seu discurso seja coerente com suas ações práticas, que elas sejam percebidas pelos seus colaboradores, que gerem pertencimento. Isso é fundamental para o estabelecimento de uma cultura da diversidade.

Além disso, se a alta liderança não estiver realmente engajada não adianta delegar as ações para um comitê. É necessário muito envolvimento dos líderes para que a mudança realmente aconteça.

**MP** – O tal do viés inconsciente é de fato determinante na discriminação racial em uma empresa? Se é, como enfrentá-lo?

**RG** – Sem dúvida. Entretanto, reconhecer que temos vieses é o primeiro passo para remodelar nosso cérebro a esse conjunto de padrões, atalhos, estereótipos que aprendemos desde a infância, quebrando as barreiras do preconceito. Por isso, a educação, a neurociência e o exercício diário de ressignificar conceitos e aprendizados enviesados para uma nova perspectiva nos farão cidadãos melhores para a sociedade, para as nossas famílias e para os nossos colegas de trabalho.

**MP** – Quais motivos o levaram a se engajar no tema da igualdade racial?

**RG –** Vivemos em um país com grande diversidade cultural, o que nos traz uma riqueza incrível sob aspectos de folclore, culinária, dialetos, costumes e clima, mas ao mesmo tempo também há diferenças entre classes e disparidades sociais na medida em que as regiões se desenvolveram de forma muito desigual umas das outras. Trabalhando na Belgo Bekaert com unidades em três estados brasileiros, assumimos um compromisso pelo desenvolvimento de "não deixar ninguém para trás". Então, naquilo em que temos influência, entendendo nosso privilégio, agimos de forma positiva a fim de possibilitar que pela inclusão e inovação possamos ter um ambiente melhor para todas as pessoas. Isso traz benefícios a todo o ecossistema em que estamos inseridos. Outro exemplo é o grande número de refugiados que temos hoje no Brasil hoje, principalmente vindos do Haiti, da Venezuela e da Síria. Estamos com iniciativas para contratar alguns profissionais desse grupo, e tem sido um trabalho muito bonito de inseri-los no mercado de trabalho e garantir a eles uma condição minimamente humanitária de vida.

**MP –** Há quanto tempo sua empresa tem trabalhado a questão racial e quanto tempo mais o senhor acha que levará para chegar a um processo justo?

**RG –** Nosso Programa de Diversidade foi instituído oficialmente em 2019, mas a questão racial está em pauta há mais tempo em nossas ações e discussões. A transformação cultural de uma empresa pela diversidade não é um projeto de curto prazo. Mas, apesar da longa jornada de trabalho, sou otimista e creio que nossa jornada constante trará respostas antes do que imaginamos e influenciará nossos *stakeholders*.

**MP –** O conselho administrativo de uma empresa é a instância máxima, e normalmente ela é formada por homens e por brancos. Como convencê-los do engajamento antirracista?

**RG –** Uma forma de construir esse diálogo mútuo, por exemplo, são os programas de mentoria, que tenho acompanhado como prática em empresas que já estão mais amadurecidas na jornada de diversidade. É uma forma empática de diminuir distâncias, quebrar barreiras e vieses, além de desenvolver ambas as partes de uma forma bastante humanizada.

**MP –** "O Brasil não tem racismo, isso é coisa que querem trazer para cá", "assim que o negro estudar e lutar, ele vai chegar lá". Como responder a cada uma dessas indagações, tão comuns no mundo corporativo?

**RG –** O racismo é estrutural, ou seja, é algo que foi naturalizado e enraizado culturalmente, integrado à organização econômica e política da sociedade. Ele se manifesta até mesmo de forma inconsciente. Acho que o ponto mais importante é que o processo foi iniciado para reverter essas e outras questões. Prefiro analisar olhando para o futuro e dizer que estamos construindo uma sociedade mais justa, diversa e igualitária. Estamos construindo um Brasil mais justo, mais ético, mais correto. Nesse sentido, tenho certeza de que trabalhar e incentivar a diversidade são pontos fundamentais para isso. Claro que estamos longe do cenário ideal. É preciso manter e ainda adotar muitas ações como as que citei aqui, mas já percebo uma sociedade mais aberta, disposta a mudar. E isso é muito positivo. Além disso, os jovens de todas as classes, gêneros e credos estão mais engajados nessa causa. Esse ponto é extremamente positivo.

MPRES
ESA ANT
TIRRA
CISTA

# MARIA ANGELA JESUS

Maria Angela Jesus é jornalista formada pela Pontifícia Universidade Católica de Campinas (PUC-Campinas). Atualmente é diretora de conteúdo original internacional na Netflix Brasil. Já foi colaboradora da Mostra Internacional de Cinema em São Paulo e diretora do departamento de produção da HBO, onde produziu várias séries, algumas delas indicadas ao Emmy Internacional. Produtora executiva de TV com sólida formação em conteúdo para TV paga e streaming e mais de vinte anos de experiência, Maria Angela também publicou as biografias *Ruth de Souza — estrela negra* (2003), *Glauco Mirko Laurelli — um artesão do cinema* (2007) e *Eva Todor — o teatro da minha vida* (2007).

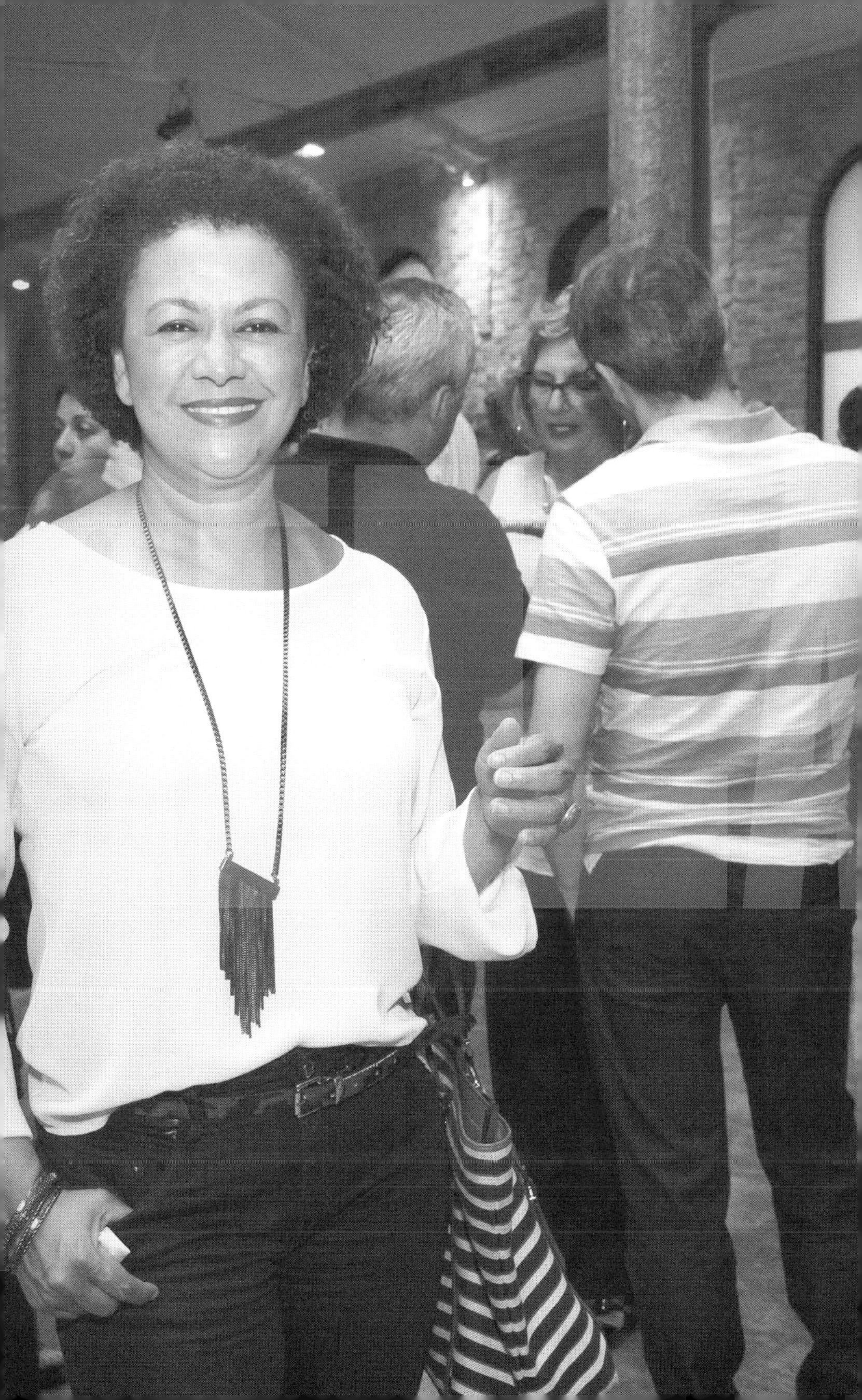

# MARIA
# ANGELA
# JESUS
# MARIA
# ANGEL

Fórum Brasil Diverso 2019.

**MAURÍCIO PESTANA –** A senhora poderia falar um pouco da sua trajetória pessoal? Do seu percurso até assumir a posição que ocupa hoje na sua empresa?

**MARIA ANGELA JESUS –** A minha trajetória é sempre muito dura, e é por isso gosto de falar com jovens, principalmente jovens carentes, porque venho de uma família muito simples, de base muito simples. Cresci na periferia de Campinas, comecei a trabalhar com 13 anos. Estou trabalhando há muito tempo. E sempre numa batalha muito grande, tendo que estudar à noite, trabalhar de dia, que ganhar hoje o dinheiro do que a gente ia comer no dia seguinte. Não foi fácil, mas para mim foi enriquecedor.

Quando escuto falar em meritocracia, digo: "Ok, acho lindo, só que eu tive que me esforçar mais do que o dobro que qualquer outra pessoa branca para ocupar esse lugar em que estou hoje." É linda a meritocracia, mas, na prática, ela é dura. Você tem que provar que é 100% melhor. Veja, não digo 50% melhor, mas 100%.

Eu estudei inglês adulta. Fui aprender inglês com vinte anos. Não aprendi desde a minha tenra infância, aprendi já adulta. Aprendi espanhol depois de adulta também. Fui aprender línguas justamente para poder crescer dentro da minha profissão. Então a gente precisa ter muito cuidado.

**MP –** As cotas raciais ainda causam certa polêmica em nossa sociedade. O que a senhora poderia dizer a respeito disso?

**MAJ –** Essa discussão das cotas é superimportante, porque a gente não pode olhar só para as exceções. "Ah, Maria Angela, mas você chegou lá sem cota." Sim, mas sei quanto tive que ralar por isso e sei quanto tive que contar com algumas oportunidades que foram abertas na minha trajetória. Porque a gente tem que reconhecer isso. Algumas oportunidades me colocaram onde estou. Eu digo e repito sempre: a caminhada não é fácil, a jornada não é fácil. E nós, como negros, temos que nos colocar, nos esforçar em dobro e, muitas vezes, mais que o dobro para ocupar esses espaços.

Na minha carreira, sempre procurei abrir espaço principalmente para jovens negros. Sempre tive essa preocupação e esse cuidado. Procurei, nas empresas que eu trabalhava, lançar o olhar para isso, ou pelo menos levantar a discussão. Porque é assim que a gente vai transformando. A transformação acontece de dentro para fora. A gente tem que se ajudar. A gente tem que se dispor a ajudar, se dispor a abrir portas.

Em toda produção audiovisual que faço, sempre trouxe comigo a preocupação de ter personagens negros, ter atores negros no elenco, desde a primeira, que foi o *Filhos do Carnaval*, em 2005. Já tínhamos esse olhar, já buscávamos essa visão. Pois é assim que a gente transforma. É assim que a gente sai das histórias únicas, das histórias que só olham um lado. É assim que a gente começa a criar exemplos e modelos.

Infelizmente, eu cresci vendo basicamente atores e personagens brancos na televisão. A minha inspiração, num certo momento, foi a Glória Maria. Olhei para ela e pensei: "Ela é negra e ela pode. Eu também posso." E foi assim que fui para o jornalismo. Nos vermos refletidos nos leva adiante.

**MP –** E a senhora hoje serve de exemplo para muitos jovens negros e negras...

**MAJ –** Recentemente participei de um debate superbacana com jovens e, quando terminou, uma moça de uns vinte anos se aproximou muito emocionada para dizer: "Puxa vida, bom ver que você está aí, que você ocupa esse lugar." Acho que é importante que as pessoas vejam. As pessoas precisam começar a ver e precisam começar a entender que, sim, a gente vai mudar e a gente vai transformar este país com exemplos, mostrando que estamos em lugares de destaque e vamos ocupar cada vez mais espaços.

É uma grande alegria poder dizer que dentro da Netflix — e a Netflix já me contratou por ser uma mulher negra — temos um programa de diversidade e inclusão muito forte. E eu particularmente tenho uma atuação grande lá dentro pois sei da importância de abrirmos portas.

**MP –** Na sua opinião, quais os grandes entraves na discussão sobre diversidade e inclusão racial no mundo corporativo brasileiro?

**MAJ –** Acho que aqui a questão de inclusão se torna mais complicada porque muitas vezes o negro pode não estar preparado para assumir determinada posição, o que é triste, afinal, a gente não pode partir desse princípio de que "Ah, ele não se preparou porque não quis". Não. É porque é duro, é porque é difícil. Falo isso por experiência própria. Eu sei quanto tive que trabalhar para poder me formar, pagando a minha universidade, pagando a faculdade. Então acho que o Brasil precisa sair desse lugar de achar que é tudo tão normal. Enquanto estão morrendo negros, está tudo bem. Não é problema. Quantos negros estão morrendo? Todos os dias a gente abre o jornal e vê um assassinato de um jovem negro, uma criança negra, um homem negro, uma mulher negra. E está tudo bem. Não conta, né?

Ninguém fica tão chocado. Parece que não faz diferença. Então, enquanto o país também não sair desse lugar tão acomodado de achar que é ok a gente ter uma população imensa relegada à pobreza extrema, eu acho que vai ser muito difícil para a gente, infelizmente.

**MP –** Voltando à questão da representatividade, queria que a senhora me dissesse quais são os maiores desafios, na sua opinião, para o negro ou negra que ingressa agora no ambiente de trabalho buscando galgar novos patamares e chegar numa posição de destaque?

**MAJ –** Acho que as dificuldades evidentemente acabam sendo parte da vida de qualquer profissional. Mas também é evidente que muitas vezes tem uma conexão direta com a questão racial. Como eu disse antes, o negro tem sempre que provar ser melhor do que todo mundo para ocupar as posições. Temos que orientar nossa carreira para estar o tempo todo no nível de excelência. No dia a dia isso é um desgaste muito grande. É quase como se a gente não se permitisse errar. Tem que ser sempre o melhor, o melhor, o melhor. Isso não é fácil. Por outro lado, pensando também como oportunidade e como espaço, acho que vem da gente, e eu gosto muito de dizer que ter sonhos foi o que sempre me motivou. Aprendi desde pequena com a minha mãe a sonhar e dizer "eu posso", "eu consigo" e "eu vou". Isso me ajudou muito. Sempre norteou a minha carreira não ter medo de enfrentar os desafios e de chegar lá e, se tem uma posição aberta, vou, sim, competir por ela, vou concorrer a ela ou vou batalhar por ela. Na minha trajetória sempre fiz isso. Sempre fui metendo as caras e buscando. Ah, tem uma posição ali? Vou tentar.

Comecei minha carreira como estagiária na Editora Abril e fui selecionada dentro de um grupo grande de estudantes do Brasil todo. Fui para lá trabalhar na revista *Veja* e cavava meus espaços todos os dias. Mas é isso, acho que a batalha é essa, é você ir buscando espaço, ao mesmo tempo que se prepara cada vez mais. Nunca deixei de estudar. Sempre sonhei que queria viajar o mundo, fazer coisas fora, trabalhar em grandes empresas. Então aprendi inglês, aprendi espanhol, falo francês e italiano razoavelmente bem. Foi um esforço muito grande e uma dedicação no sentido de falar "Onde é que eu posso entrar? Quais são os espaços que eu posso ocupar?". Dessa forma fui construindo a minha carreira. Mas já me deparei com momentos de perceber que talvez eu não tenha sido selecionada ou não tenha sido promovida a uma determinada posição por uma questão racial, vamos falar assim. A gente não pode ser ingênua nem negar isso. Isso existe, sim. Mas você tem que continuar na batalha e não desanimar. É um dia depois do outro e você vai ocupando espaço. Quando ocupa espaço, você fica ali e traz mais alguém para perto de você.

# GILBERTO COSTA

Gilberto Costa tem experiência de 26 anos no mercado financeiro, sendo vinte deles gerenciando pessoas. Atualmente é superintendente executivo de operações do Private Bank do Banco JP Morgan Brazil, onde colidera um grupo de diversidade racial, que tem como objetivos a inclusão racial, o desenvolvimento de carreira dos funcionários negros dentro da organização e ações de inclusão racial na sociedade. Ainda no Banco JP Morgan, é membro do Comitê Global do grupo de diversidade racial, sendo um dos representantes da América Latina. Integra também a Subcomissão de Diversidade da Federação Brasileira de Bancos (FEBRABAN) e o Comitê de Diversidade da Associação Brasileira de Profissionais de RH (ABPRH), com foco na pauta de diversidade racial.

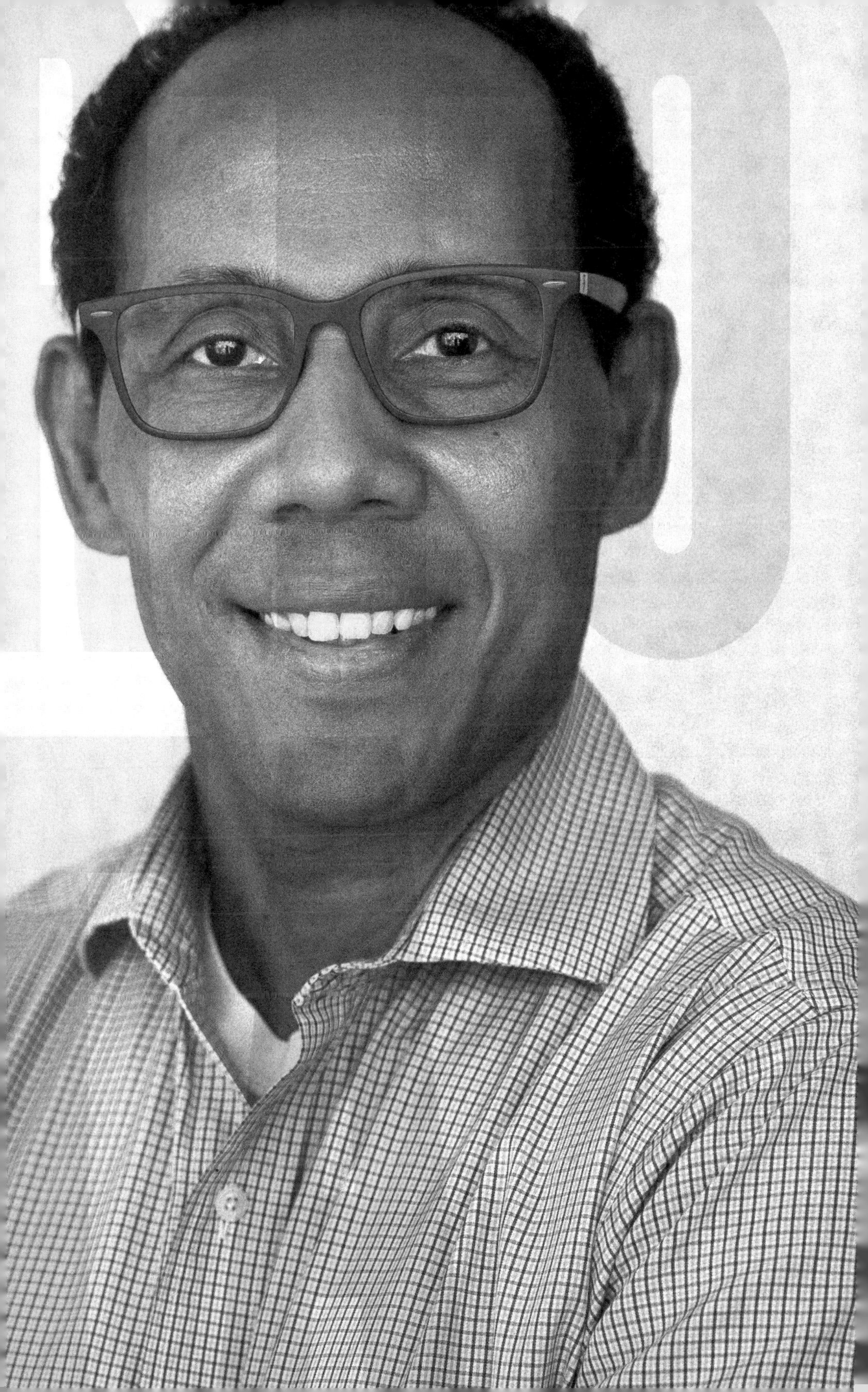

# GILBER
# COSTA
# GILB
# COSTA

Entrevista concedida em 14/07/2020.

**MAURÍCIO PESTANA –** Como foi sua entrada no mundo corporativo, um universo majoritariamente branco?

**GILBERTO COSTA –** Eu entrei no mercado financeiro após ter passado quase sete anos na vida militar. Quando ingressei nesse mercado, há mais ou menos 25 anos, por meio de uma corretora de títulos e valores mobiliários, o tema racismo não era sequer discutido abertamente, e me lembro bem que na corretora erámos apenas eu e um outro funcionário negro, ambos em cargos de base. Naquela época, era natural ouvir no ambiente de trabalho piadas racistas, machistas ou homofóbicas.

**MP –** "O Brasil não tem racismo, isso é coisa que querem trazer para cá", "assim que o negro estudar e lutar, ele vai chegar lá". Essas frases ainda são muito comuns no meio corporativo. Como responder a cada uma dessas indagações?

**GC –** Infelizmente falta muito letramento sobre a questão racial na grande maioria das empresas e, considerando que boa parte da população brasileira não tem o hábito da leitura, muitas vezes não temos o histórico sobre a escravidão ou o motivo da existência da discriminação racial em um país cujo número de pessoas pretas ou pardas representa mais de 55% da população.

Esses fatores acabam se refletindo também no ambiente corporativo, o qual é composto, em sua grande maioria, por líderes brancos e heterossexuais. Infelizmente ainda convivemos com situações em que uma parte da liderança acaba não reconhecendo a existência de discriminação racial e de preconceito, seja porque esse tema não é abertamente discutido, seja porque a diversidade não tem relevância para a estratégia da empresa.

**MP –** Desde que o senhor começou a lidar com a questão racial na sua empresa, o que mudou nela e no senhor nesse quesito?

**GC –** Tenho a sorte e a oportunidade ímpar de trabalhar em uma empresa na qual o tema diversidade faz parte do DNA da organização. Toda a liderança da empresa — incluindo nosso CEO, todo o comitê executivo e a alta liderança — é fortemente engajada no que tange ao tema diversidade racial.

Todas as ações de diversidade racial na empresa são pensadas e estruturadas globalmente e aplicadas de forma adaptada para a realidade de cada país e região, respeitando sempre as características específicas do local.

Enquanto empresa, temos evoluído muito com relação à inclusão de jovens negros, meninos e meninas, e temos exercido um papel fundamental como catalisadores, fomentando e estimulando que outras organizações façam o mesmo.

Por meio de nossos comitês e nossos representantes, buscamos influenciar de forma positiva nossos parceiros, entidades de classe e órgãos do governo na implementação de ações voltadas à igualdade racial e ao aumento da população negra nas empresas.

Nosso foco agora está em aumentar a quantidade de mulheres negras na organização e também em ter mais pessoas negras em cargos de liderança.

Cada vez mais, enquanto líder, tenho buscado fomentar a discussão do tema racismo e estimular ações de combate à desigualdade racial em minha rede de relacionamentos — sempre por meio do exemplo e da troca de melhores práticas.

**MP –** O senhor acha que tem mudado ou evoluído a discussão a respeito de ações sobre a presença de negros e negras no ambiente corporativo? Se tem mudado, quais são os pontos positivos e negativos referentes a essa mudança?

**GC –** Costumo encarar esse tema de forma positiva. Ingressei no mercado de trabalho em uma época em que o tema diversidade não era sequer discutido de forma coordenada ou estruturada dentro das empresas.

A militância racial sempre esteve presente na sociedade, mas a discussão sobre a desigualdade racial nas empresas ganhou força nos últimos cinco anos.

Tivemos um avanço importante do ponto de vista da implantação de políticas de combate à discriminação racial na grande maioria das empresas. Também tivemos uma evolução muito positiva no que tange à preparação do ambiente corporativo para o combate ao racismo com a implantação de políticas internas e com o treinamento dos colaboradores para lidar com o viés inconsciente e suas potenciais implicações sobre a questão racial.

As equipes de recursos humanos têm atuado de forma a aumentar o número de jovens negros no ambiente corporativo. Essas iniciativas, em conjunto com as ações afirmativas implantadas nas universidades, têm melhorado muito os números de empregabilidade dos jovens negros, principalmente nos programas de estágio.

Infelizmente ainda temos muito espaço para progredir quando falamos de profissionais negros em cargos de liderança, sobretudo em mulheres negras.

**MP –** As cotas raciais ainda causam certa polêmica em nossa sociedade. Qual é a sua posição a respeito disso?

**GC –** As cotas raciais fazem parte do conjunto de ações afirmativas que são, sim, necessárias, dado o imenso *gap* ainda existente nas oportunidades disponíveis para a população negra em termos de acesso educacional e de bons empregos.

Enquanto a sociedade não tiver um processo mais igualitário, vamos precisar que todo o ecossistema formado por sociedade civil, empresas, fundações, institutos e poder público continue atuando de forma conjunta na implementação de ações afirmativas, com o objetivo de garantir oportunidades à nossa população.

Não podemos tirar do nosso radar que as ações afirmativas são táticas de curto e médio prazos e não podem ser consideradas estratégias definitivas para o combate à discriminação e à desigualdade racial. Precisamos ter ações de longo prazo, que garantam à população negra o acesso à educação e a oportunidades de trabalho, não só em cargos de base ou de entrada, mas principalmente em cargos de média e alta gerência. Precisamos urgentemente de ações afirmativas voltadas especificamente para o encarreiramento das nossas mulheres negras.

**MP –** Que dicas o senhor daria para quem quer começar a trabalhar a questão racial em sua empresa?

**GC –** Duas ações são fundamentais para se construir a base desse processo. Primeiro, compor um grupo multirracial e multidisciplinar de pessoas voltadas para a construção das ações de combate à discriminação racial dentro da organização. Segundo, é de suma importância ter o apoio da liderança sênior da empresa, no CEO *level*, e de todo o comitê executivo e da diretoria. Somente assim as ações permearão toda a organização.

**MP –** O que é estar num cargo e espaço de superliderança no mundo corporativo sendo negro?

**GC –** Para mim tem sido um prazer e uma honra poder fazer parte dessa importante luta pela igualdade racial, usando minha posição como líder para dar o exemplo e fomentar discussões sobre o tema.

Infelizmente, de forma geral, ainda temos muitos casos de racismo e seus vieses em nossa sociedade. Ainda é comum eu ser confundido com o segurança do shopping, o motorista do Uber ou o manobrista do estacionamento pelo simples fato de ser um homem negro usando um terno. Todos os fatos que mencionei aconteceram comigo mais de uma vez ao longo destes anos. A forma como as pessoas foram educadas para reconhecer um profissional negro contém uma carga expressiva desse viés.

**MP –** Consegue se lembrar da quantidade de negros ou negras que fizeram parte dos seus ambientes escolares e profissionais? Eles estavam em mesmo pé de igualdade? Tiveram a ascensão que o senhor teve?

**GC –** Eu e meus irmãos estudamos a vida toda em escola pública e não tivemos acesso a escola particular ou cursos de idiomas. Eu me formei pela UERJ em uma época em que não existiam cotas raciais ou ações afirmativas.

Já morando em São Paulo e trabalhando em uma grande organização, tive a oportunidade de estudar em lugares usualmente frequentados por pessoas brancas, como a FGV e o IBMEC. Naquela época havia pouquíssimos alunos negros nesses lugares e me recordo de várias situações em que eu era o único negro em sala de aula.

Quando olho para trás, vejo que ao longo da minha trajetória acabei me distanciando das pessoas com as quais cresci e que o fato de ter tido a oportunidade de estudar em escolas renomadas foi um diferencial na minha carreira.

Hoje vejo de forma muito positiva o fato de termos um número maior de alunos negros nesses ambientes e também de termos cada vez mais jovens negros com acesso a programas para desenvolvimento profissional, incluindo acesso a cursos de idiomas.

Uma coisa que ainda me intriga bastante é o fato de, olhando para trás, perceber que nunca tive a oportunidade de ser mentoreado por um líder negro ou negra nas organizações pelas quais passei. Tive a oportunidade de ter vários mentores em minha vida profissional, mas todos eram homens ou mulheres brancos.

**MP –** O senhor é dirigente de uma empresa global. Quantos negros o senhor conhece como CEOs no mundo corporativo brasileiro e no cenário mundial?

**GC –** No cenário brasileiro eu só conheço a Rachel Maia, como mulher negra, e você, Maurício Pestana, ambos no CEO *level*. Temos bons exemplos de empreendedores negros e negras liderando empresas, mas no CEO *level* só me vêm à mente esses dois.

Do ponto de vista global, temos um cenário totalmente diferente, em especial nos Estados Unidos, onde a discussão sobre inclusão racial está cinquenta anos na nossa frente. Lá vemos a presença de um número importante de CEOs negros e negras nas empresas, incluindo a indústria financeira. Organizações como a Black Chamber of Commerce são diferenciais da cultura americana que ainda não existem no Brasil.

**MP –** O que o senhor diria para um CEO que quisesse iniciar hoje um processo de mudança profunda na sua empresa visando posicionar mais negros e negras em cargos de decisão e representatividade?

**GC –** Eu diria para focar em montar um *pipeline* de talentos negros via parceria com universidades e consultorias especializadas na atuação com estudantes e profissionais negros.

Recomendaria recrutar talentos negros para cargos de liderança dentro da empresa para garantir que os jovens talentos que se juntarão à empresa terão referenciais negros dentro da liderança da organização. Temos vários profissionais negros extremamente talentosos no mercado de trabalho, atuando em vários segmentos, e que precisam apenas de oportunidades para apresentar seu talento.

É muito importante que o CEO seja muito vocal enquanto direcionador da organização para o combate à desigualdade racial e ao racismo ali dentro. Seu apoio aos grupos de afinidade é um fator crucial no endereçamento das ações de diversidade dentro da empresa.

**MP –** Preparar uma liderança para ocupar um cargo estratégico em uma empresa supõe quatro passos fundamentais: a contratação, a manutenção, o investimento nessa liderança e, o principal, a promoção. Onde o senhor vê mais dificuldade?

**GC –** Para mim, na promoção, ou seja, o encarreiramento dos profissionais negros é um dos maiores *gaps* que temos. Ainda temos vários exemplos de empresas bem-sucedidas na atração de talentos negros, que investem no desenvolvimento desses talentos, mas não têm um plano claro para encarreiramento desses profissionais.

Homens e mulheres negros entram na empresa sem uma visão clara sobre um plano de carreira, por isso o baixo número de profissionais em cargos de liderança, principalmente mulheres.

**MP –** Nestes tempos tenebrosos em que vivemos com pandemias, fugas de capitais e investimentos, recessão e pouca liderança política no Brasil, que futuro o senhor vê para o tema igualdade racial em nosso país?

**GC –** Essa pergunta é de extrema importância. O evento da pandemia impactará principalmente a população negra, que, em sua maioria, trabalha nos cargos de entrada nas empresas. São exatamente as deles as primeiras vagas a serem cortadas em caso de recessão.

O maior risco que corremos como sociedade é que as empresas acabem redirecionando os orçamentos que tinham como objetivo as ações de combate à desigualdade racial para a cobertura dos prejuízos ou despesas oriundos da pandemia.

De qualquer maneira, o que tenho visto é que os acontecimentos envolvendo a população negra nos Estados Unidos geraram também uma série de ações em empresas no Brasil e mantiveram o tema combate à descriminação racial na pauta das empresas.

**MP –** O que o senhor não recomendaria de forma alguma para uma liderança que queira iniciar um processo de inclusão racial na própria empresa?

**GC –** Em hipótese alguma inicie um processo de inclusão racial sem que a liderança de nível médio esteja preparada e treinada para isso e sem que o tema tenha sido discutido com a população negra já existente dentro da empresa.

Um dos maiores riscos são as ações da empresa serem vistas como uma estratégia de marketing e/ou um projeto do RH, e não como parte da estratégia de diversidade e inclusão, que está totalmente alinhada com as necessidades dos profissionais negros.

Aqui o lugar de fala é extremamente importante, e saber as dores que afetam a pessoas negras da empresa é fundamental.

**MP –** Gostaria de complementar com mais algum comentário?

**GC –** Gostaria de reforçar que se faz urgente a implantação de ações com objetivo claro de aumento da quantidade de pessoas negras em cargos de liderança nas empresas, principalmente as mulheres negras.

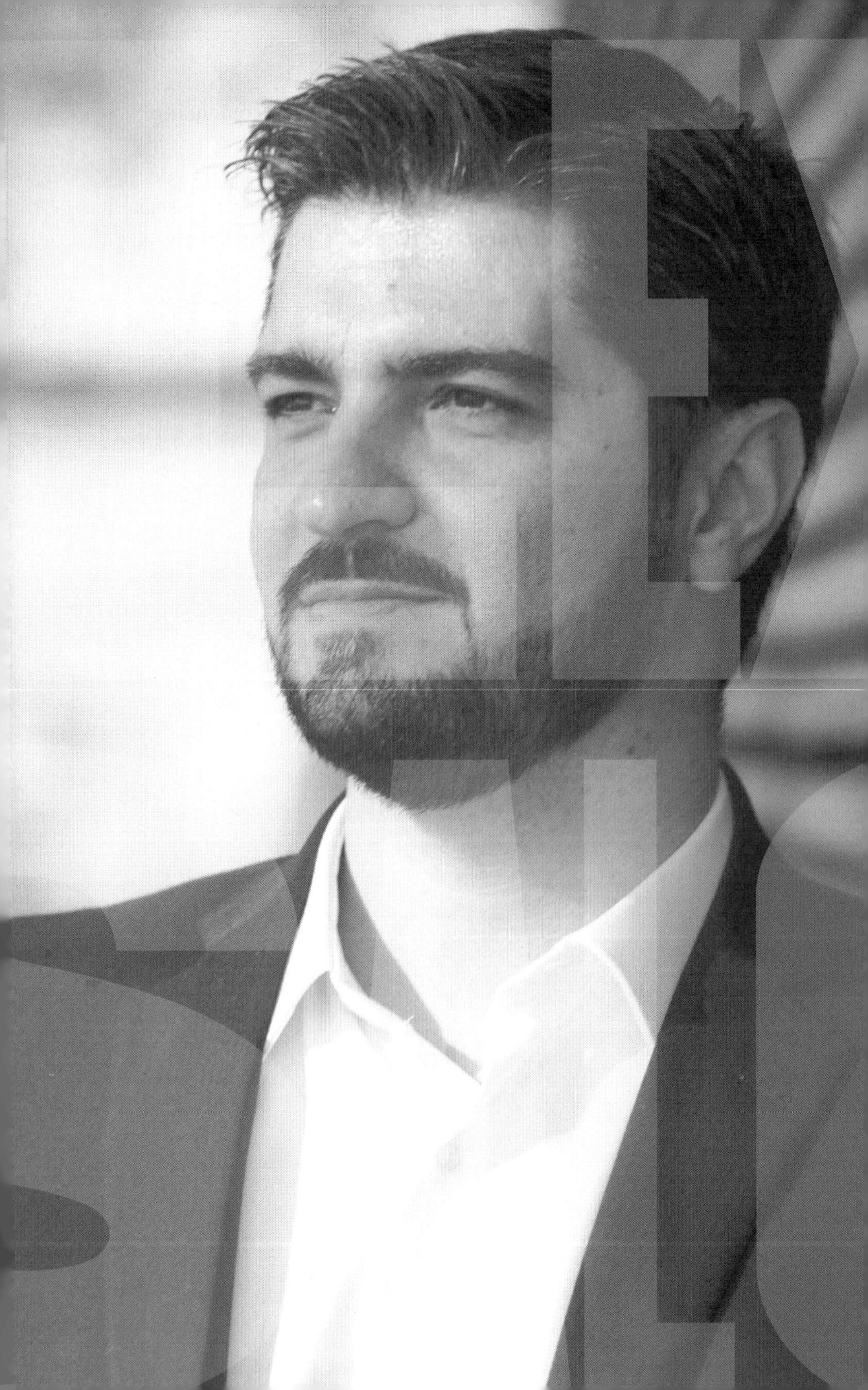

# ALEX SALGADO

Alex Salgado é vice-presidente para B2B da Vivo desde 2017. Formado em engenharia elétrica pela Instituto Mauá de Tecnologia e com pós-graduação em gestão na Universidade da Califórnia, trabalha há quase duas décadas no setor de telecomunicações. Iniciou sua trajetória profissional na Intelig, empresa de telefonia fixa comprada pela Tim, e nesta permaneceu por quase sete anos, assumindo diversas posições de liderança e em 2016, antes de deixar a empresa, acumulava as posições de diretor da Tim Soluções Corporativas e CEO da Intelig Telecomunicações.

SALGA
ALEX

Fórum Brasil Diverso 2019.

**MAURÍCIO PESTANA** – Gostaria de começar perguntando como foi o seu despertar para a questão da diversidade, mais especificamente para a diversidade racial, e o tipo de trabalho que é feito na Vivo nesse sentido?

**ALEX SALGADO** – Bom, não dá para lembrar muito bem a data do meu despertar. Poucos sabem, mas a minha família cuida da APAE de São Caetano, então, trabalhar com inclusão e diversidade era uma coisa que desde a infância estava no meu dia a dia. Por isso eu não via necessidade de trabalhar a inclusão. Para mim, eu já vivia num ambiente bastante inclusivo. E também estudei em escolas públicas. Quando vim para o mundo empresarial, fazendo a transição para o mundo privado, comecei a perceber que o dia a dia não é bem assim. Eu me juntei à Vivo em janeiro de 2017 e tive a oportunidade de compor uma empresa que tem na diversidade um dos seus pilares, um dos seus focos de atuação.

No mesmo ano, o Christian Gebara, que hoje é nosso presidente, lançou o programa Vivo Diversidade com um chapéu mais amplo e me tornei um dos *sponsors* do programa. Temos quatro pilares importantes de atuação: um é o LGBTQI+, outro é o de PCD, tem o de mulheres e também o de raça, do qual sou *sponsor*. Como companhia, nosso objetivo é trazer o reflexo da população brasileira para dentro da Vivo. Nada mais inclusivo, nada mais adequado do que ter a população refletida dentro de casa. Sabemos que 56% da população é negra, mas nós não temos 56% dos nossos colaboradores negros ou pardos. No nível gerencial, o desafio é ainda maior. Então esse é um tema que me tocou bastante ao longo da minha carreira e, na Vivo, tenho a oportunidade de trabalhar, ajudar e contribuir um pouco nesse sentido.

**MP –** Pode detalhar um pouco mais? Quais as ações efetivas que surgiram a partir desses programas?

**AS –** Quando comecei a trabalhar com o tema de raça, a primeira coisa que descobri foi que eu não sabia nada de inclusão. No primeiro comitê de raça de que participei, eu me posicionei contra as cotas. Depois cheguei à conclusão de que precisamos ter metas, que é sinônimo da cota. Porque, se não tivermos uma meta bastante clara e objetiva, não vamos conseguir chegar a lugar algum. Vai ficar só um discurso vazio. Em nosso comitê, tivemos várias discussões superabertas, e sou muito grato ao time que compõe esse comitê, pois tais discussões expandiram muito a minha mente.

A Vivo tem metas e objetivos claros para todos os seus pilares de diversidade. Estamos trabalhando muito para ter líderes negros, porque um percentual importante de nossos profissionais são negros. Queremos que eles sejam líderes da nossa operação. Nosso programa pode ser resumido assim: Como desenvolver as pessoas que temos dentro da Vivo para adquirirem competência de gestão? Para que se tornem os próximos gestores? Para que consigam seguir o funil de sucessão e o funil de gestão dentro da nossa operação? Esse é um trabalho superestruturado que temos.

Outro trabalho bastante forte que temos feito está ligado ao momento da seleção. Quando recrutávamos *trainees*, escolhíamos pessoas vindas das escolas A, B, C, cursos D, E, F. Tudo muito tabulado. Ou seja, sempre tínhamos o mesmo resultado no processo de seleção — um resultado que era decorrente da formação de uma diferença social bastante importante. Até brinco que eu nunca seria *trainee* da Vivo, que a empresa teria duas opções: mudar o programa de *trainee* ou trocar o vice-presidente, que tinha sido contratado errado. Felizmente o que mudou foi o programa de *trainee,* mas essa é só uma das contribuições de uma estrutura de recursos humanos que tem um trabalho muito forte no sentido de refletir a diversidade dentro da Vivo.

E o que mudamos? Hoje, para fazer uma pré-seleção de currículos, por exemplo, não olhamos mais idade, gênero nem a escola onde o candidato estuda. Com isso temos um volume importante de pessoas que se candidatam para os nossos programas de *trainee*, e a mesma coisa vale para o nosso programa de estágio. Só ficamos sabendo quem é a pessoa nas etapas finais, depois que ela passou por uma série de análises dentro da operação. Ainda assim, temos dificuldade de conseguir representatividade de pessoas negras, embora isso já tenha aumentado bastante com o novo processo de seleção. E aí, quando o talento entra na organização, precisamos trabalhar muito forte para desenvolvê-lo ao longo da cadeia, temos que lhe fornecer competências de temas e também ajudar no tema de desenvolvimento de resiliência, de tentar trabalhar, batalhar, para poder se tornar um gestor da nossa companhia.

**MP** – Poderia falar um pouco mais sobre essas dificuldades que mencionou?

**AS –** As pessoas desistem no começo. Se você analisar uma estatística de programa de estágio, vai ver que, de dez mil, uns dois ou três mil nem terminam de preencher o formulário de cadastro. Então temos um bom volume de pessoas que desistem do processo, que desistem do próprio sonho, que não acreditam no próprio sonho. Um tema que precisamos trabalhar fortemente é o incentivo para que essas pessoas se candidatem. Dentro da companhia, temos a missão de avaliar sem tentar analisar as pessoas que estão se candidatando para o nosso trabalho, para a nossa função. Dessa forma conseguimos trazer uma representatividade maior de negros para dentro da população da Vivo.

**MP -** E as oportunidades? Como essas pessoas podem agarrar-se ao sonho de trabalhar numa grande empresa? O que a Vivo está fazendo em relação a isso?

**AS -** Uma mudança tecnológica importante está acontecendo agora. É verdade que algumas atividades serão digitalizadas e que há funções que são hoje operacionais e basicamente manuais que vão deixar de existir. É fato. Mas as novas tecnologias abrem campos de trabalho hoje que não existiam dois, três anos atrás. E eu quero levantar uma questão: quem fez faculdade ou formação nesses campos novos que estão surgindo? Ninguém ou pouquíssimas pessoas. O acesso à informação e à formação para esse tipo de função está disponível on-line ou em cursos que, em sua grande maioria, não têm custo. Estou trabalhando inclusive com algumas empresas de tecnologia para fazer *road shows* pelo Brasil, a fim de despertar o olhar de jovens e adultos que queiram mudar de carreira, que queiram aprender e entrar nesse mundo da tecnologia. Dentro da Vivo, estamos fazendo um trabalho muito grande de *assessment* de capacidade das pessoas e definindo as novas competências. Queremos criar novas capacidades para as novas demandas que temos dentro de casa. Ou seja, na minha opinião, este é um momento ímpar que estamos vivendo, no qual a tecnologia pode ser uma ferramenta importante para ajudar a corrigir esse tema de inclusão nas companhias.

Hoje não tem pré-formação pronta para o novo que está vindo aí. A informação nunca esteve tão disponível como está agora. Nós temos capacitação, seja dentro da Vivo, seja para o mercado, para ensinar as pessoas a codificar, a aprender o que é inteligência artificial. Se você quer entender sobre o mundo no futuro, o impacto da tecnologia na sua vida, não pode deixar de refletir sobre o impacto da inteligência artificial por diversos motivos.

Então precisamos pensar no que podemos fazer para que as pessoas que não estão incluídas hoje, ou pelo menos um percentual delas, possam buscar a inclusão por meio do aprendizado de novas tecnologias para funções que estão abertas no mercado e que têm uma carência importante de profissionais. Se antigamente era imprescindível falar inglês, não sei se no futuro ainda vai ser. Tive que aprender para não ficar excluído da posição em que gostaria de chegar. Mas daqui a pouco vamos ter transmissão simultânea para tudo. Agora, codificação é a nova linguagem. Quantos sabem codificar? E não é tão difícil quanto parece. Precisamos trabalhar para poder usar a tecnologia a nosso favor e fazer com que as pessoas que não estão incluídas sejam nessa nova onda, em que o acesso ao conhecimento é muito mais simples.

**MP –** Esse caminho que você aponta é muito interessante e não só para jovens negros periféricos. Há uma carência que precisa ser suprida e uma demanda que só tende a aumentar aqui no Brasil, não é?

**AS –** Isso é um problema do Brasil e, na minha opinião, uma grande oportunidade do Brasil. Porque hoje a gente tem um volume de profissionais de tecnologia formados anualmente muito menor do que precisamos, num país que já tem um déficit de profissionais de tecnologia enorme. Se você perguntar para as crianças de hoje o que elas estão fazendo, ou para os adolescentes, poucos respondem que estão fazendo curso de tecnologia. E as grandes vagas e oportunidades que temos no Brasil, e acho que no mundo, são nessa área. Um profissional de tecnologia pode trabalhar no Brasil e atender empresas em quase qualquer lugar do mundo. Então uma chance de mudarmos o nosso país, na minha opinião, é por meio do ensino de tecnologia, que está à disposição de todos.

MPRES
ESA ANT
IRRA
CISTA

# E SUA EMPRESA, QUANTO JÁ GASTOU NA LUTA ANTIRRACISTA?

Publicado por Maurício Pestana na revista *IstoÉ Dinheiro*, em 25/06/20.

Maio de 2020, sem dúvidas, entrará para a história como mês em que palavras como racismo, inclusão, exclusão, diversidade e justiça foram mencionadas mundo afora, rompendo fronteiras. O nome George Floyd foi mencionado tanto quanto covid-19, e ecoou como sinônimo de um basta nas desigualdades raciais de qualquer ordem, mas, principalmente, na sua face mais visível e perversa: as ações da polícia, seja nos Estados Unidos, no Brasil ou em outras partes do Planeta.

As imagens que correram mundo eclodiram uma série de questões mal resolvidas, tirando várias pessoas da zona de conforto, tensionadas por uma frase que ganhou força por aqui: "Não basta não ser racista, tem que ser ANTIRRACISTA", e em meio a esse questionamento e também à pandemia, muitos criaram coragem, romperam o silêncio e até o confinamento e foram para as ruas para dizer basta de racismo.

Acompanhando de perto esses acontecimentos, nas imagens das manifestações nos Estados Unidos, Europa, Ásia e até mesmo aqui, como espectador ou analista de diversidade e inclusão na CNN-Brasil, pude perceber uma evolução nessa discussão do antirracismo; uma mudança de patamar que, talvez, jamais havíamos atingido. Vimos a tomada das ruas, não apenas por negros e negras, vítimas do racimo, mas também por brancos; e todos, de braços unidos disseram: essa é uma luta muito maior, é a luta pela dignidade humana.

Mas quais ações devem ser tomadas de forma prática para combater esse mal que nos assola há séculos? No calor das manifestações, uma série de iniciativas passou a ser praticada, desde o questionamento da conduta da abordagem policial nos Estados Unidos até a derrubada de estátuas e monumentos de personagens racistas de séculos passados. O mundo corporativo não ficou atrás. Novamente os exemplos mais contundentes vicram de fora: Reed Hastings, cofundador e CEO da Netflix, juntamente com sua esposa Patty Quillin, ambos brancos, doaram 120 milhões de dólares à formação universitária de negros e negras. A Apple lançou uma iniciativa de 100 milhões de dólares, cerca de 90 milhões de euros, para promover a igualdade racial. Tim Cook explica que essa iniciativa vai desafiar as barreiras do sistema, que existem à volta das oportunidades e dignidade das comunidades de cor, especificamente para a comunidade negra, para citar apenas dois exemplos.

Agora, quando olhamos para o maior país negro fora da África, país este onde as desigualdades são gritantes, onde o racismo expõe suas garras, não só na polícia, mas também em todas as estruturas de poder, cabe perguntar se, além de emprestar contas em redes sociais, de criar eventos na semana da consciência negra, de criar grupos de afinidades — que são essenciais e muito importantes também —, as empresas vão investir e quanto para uma verdadeira inclusão de negros e negras a fim de contribuir para a construção de um Brasil melhor.

# ANNIE JEAN-BAPTISTE

Annie Jean-Baptiste é formada em relações internacionais e ciências políticas pela Universidade da Pensilvânia. Líder global da estratégia de "inclusão de produtos" no Google, ela é responsável por garantir que usuários sub-representados se sintam contemplados durante todo o processo de elaboração dos produtos e por tornar a empresa um espaço em que os funcionários possam se destacar por suas diferenças. Annie criou programas relacionados à gestão de diversidade e talentos e de desenvolvimento de carreira dentro de várias áreas técnicas do Google. Fora da empresa, já foi porta-voz da American Heart Association e embaixadora do One Young World, ONG dedicada a levar um estilo de vida mais saudável a comunidades carentes. Em setembro de 2020, publicou o livro *Building For Everyone*.

# JEAN-BAPTISTE ANNI

Fórum Brasil Diverso 2018.

**MAURÍCIO PESTANA –** A senhora poderia começar explicando como é o trabalho de criação de produtos com a perspectiva da inclusão que vocês fazem no Google?

**ANNIE JEAN-BAPTISTE –** A inclusão de produtos é o ato de construir produtos inclusivos para todos e garantir que todas as pessoas se identifiquem nos produtos que criam.

 A missão geral do Google é organizar as informações de todo o mundo, mas a missão da nossa equipe é *criar produtos para todos, com todos.* Assim como em várias empresas, criamos produtos para muitas pessoas que talvez não se pareçam, nem ajam nem pensem como as equipes que desenvolvem esses produtos ou serviços. Por isso, é necessário garantir que perspectivas diversas sejam introduzidas nos momentos-chave do processo de desenvolvimento do produto para que estejamos de fato criando algo para todos.

 Muitas vezes uma empresa pensa em desenvolver produtos para diversos subgrupos, mas não busca conhecer as diversas perspectivas dos integrantes desses subgrupos. Se vou produzir algo para alguém com deficiências, e eu não tenho nenhuma, é importante que eu traga pessoas com diversas deficiências para apresentarem suas perspectivas, e não presuma que sei do que elas precisam. Eu sou uma mulher negra no Google, e estamos trabalhando para ter mais mulheres negras lá, então não faz sentido a empresa criar um produto sem ter em mente alguém como eu e sem obter minha perspectiva nos momentos-chave do processo. Portanto, nós, no Google, realmente acreditamos que criar produtos *para* todos e *com* todos é superimportante.

Nossa missão é organizar as informações do mundo para que sejam universalmente acessíveis e úteis. Acreditamos realmente que estas não devem ser acessíveis apenas para alguns, mas para todo mundo. Universal significa o mundo inteiro e, portanto, quando criamos produtos, é de fato necessário garantir que todo mundo – não importa a cor da pele, o gênero, a aptidão, o *status* socioeconômico – possa usá-los e se identificar neles.

Mas alguém poderia me perguntar: "Certo, mas todos acreditamos que diversidade e inclusão são importantes, não?" Acho que, historicamente, em especial no mundo tecnológico, mas também em outras indústrias, falamos de diversidade e inclusão relacionadas a nossa cultura, isto é, como construção de uma cultura e de uma representatividade inclusivas. Quantas pessoas não brancas, quantas mulheres, quantas pessoas com deficiência temos nas empresas em geral? O que importa é ampliarmos as definições de diversidade e inclusão a fim de percebermos que elas também são boas para os negócios.

Várias pesquisas investigaram como equipes diversificadas obtêm melhores resultados. Imagine que uma equipe, reunida numa sala, recebe uma tarefa, e todas as pessoas têm o mesmo histórico e as mesmas experiências. Provavelmente todos vão entregar a mesma solução ou resultado. Mas, se você tiver pessoas com históricos e condições sociais diferentes, pode haver mais tensão, discussão ou debate, mas a solução final vai realmente ser melhor, porque de fato se levou em conta uma porção de cenários, trajetórias e opiniões diferentes. Também percebemos que, quando as equipes são diversas, elas são realmente mais inovadoras, o que produz maiores receitas.

Quero mais uma vez enfatizar que incluir a diversidade é a coisa certa a fazer do ponto de vista da responsabilidade social, mas também é importante para os negócios. Ainda mais agora. À medida que o mundo se transforma, a demografia muda, é necessário garantir que se tenha equipes diversificadas, e essas equipes diversificadas vão criar produtos e serviços melhores, que vão impactar o crescimento do negócio.

Queria dar alguns exemplos do Google do que significa inclusão de produtos. Trabalhamos com equipes de produção de modo a garantir que, nos pontos-chave do processo de desenvolvimento dos produtos, discutamos de fato essas perspectivas diversificadas e as levemos em conta a fim de criar produtos para negros, latinos, mulheres, pessoas não brancas, LGBTQs, todas as dimensões que são sub-representadas.

O primeiro exemplo é do Google Docs, nosso editor de documentos que pode ser usado na nuvem. No Mês da História Negra nos Estados Unidos, criarmos o que chamamos de *easter egg*, um tipo de brincadeira escondida dentro de um dispositivo tecnológico. Nesse caso, se você clicasse no botão "Explorar", era direcionado para um conteúdo incrível, tirado de partes diferentes do Google, sobre criadores negros e sobre o Mês da História Negra. Apareciam todas essas pessoas maravilhosas que hoje, no mundo inteiro, estão produzindo a história para o povo negro, e esse conteúdo podia ser encontrado por todos que digitassem "mês da história negra" em um Google Doc em fevereiro. Este é um exemplo de como o Google busca garantir que, quando alguém usar qualquer um dos nossos produtos, essa pessoa perceba que nos preocupamos, sabemos que ela é importante e valorizamos a riqueza que ela traz para nossa cultura e nossos produtos.

Outro exemplo é a Google Camera. É um dos nossos exemplos favoritos de como a inclusão de produtos pode realmente melhorar as coisas. Trabalhamos para garantir que todos os sensores de nossas câmeras, em nossos telefones e laptops, reflitam fielmente todos os tons de pele, não importa quão claro ou quão escuro. E isso é importante porque as pessoas usam câmeras para tirar fotos daqueles que amam, daqueles com quem se importam, de coisas de que querem se lembrar. E precisamos garantir que todo mundo se sinta representado e seja retratado de maneira fiel e bela, que todas as pessoas saibam que pensamos nelas no processo de desenvolvimento de produtos.

Um terceiro exemplo é um trabalho que fizemos na Semana de Moda de Paris no verão de 2019. Trabalhamos com um designer de moda negro, Chris Bevans, que desenhou peças para Jay Z, Kanye West e muitos outros. Em vez de apresentarmos um espetáculo de moda tradicional, numa passarela, ele ocorreu em uma parede enorme de telefones pixelados e foi hospedado na nuvem do Google. Assim, enquanto ocorriam todos os desfiles de moda, as pessoas iam até o Chris e viam essa tela enorme que mostrava as peças dele, uma maneira superinovadora de unir tecnologia e moda. Isso também ajudou a mostrar que nos importamos com a comunidade negra, nos importamos com os designers e queremos garantir que estamos usando nossos recursos para ajudar todo mundo. Esse é outro exemplo, menos comum, de como usamos os produtos do Google para amplificar e impulsionar talentos realmente maravilhosos, mas também é um exemplo de que, quando a empresa pensa em seus produtos, precisa considerar como vai explorar territórios inclusivos e contemplar vozes que talvez não tenha em sua equipe.

**MP –** O que a senhora sugeriria a uma empresa que esteja iniciando o trabalho com inclusão de produtos?

**AJ-B –** Diria para se guiar por dez perguntas:

1. Sua equipe foi exposta ao design inclusivo?
2. Você identificou alguém para defender seus esforços de inclusão de produtos?

3. Qual é o desafio em seu negócio ou no produto que você deseja resolver?

4. Qual é o desafio de inclusão que você deseja resolver?

5. Como os desafios do produto e de inclusão se alinham? (Isso ajuda a dar forma à declaração de metas de inclusão de produtos da sua equipe.)

6. Quem você precisa influenciar para liberar recursos a fim de solucionar o problema?

7. Qual seu plano de ação para fazer um teste ou um piloto?

8. Que parceiros você precisa envolver para executar, documentar, medir e comunicar os resultados do seu teste ou piloto?

9. Como você pode agregar recursos a fim de continuar o trabalho após essa experiência?

10. Qual é seu comprometimento público com a documentação e o compartilhamento dos resultados do seu trabalho em design inclusivo e inclusão de produtos (tanto interna quanto externamente)?

Como este é um conceito novo, muitas equipes não pensaram nele ao criar seus produtos e serviços, então quero chamar a atenção para alguns aspectos dessas perguntas.

O desafio que você quer resolver em seu produto ou negócio está conectado aos objetivos centrais do seu empreendimento. Ter desafios relacionados à diversidade e à inclusão não é apenas algo bacana. É realmente importante pensar com cuidado quais são os desafios que você quer resolver. Muitas vezes escuto pessoas ou equipes comentarem que, na percepção delas, grupos sub-representados são um pequeno setor da população. Mas, na verdade, isso é falso. Sabemos que um bilhão de pessoas têm uma deficiência, sabemos que *millennials* negros, apenas nos Estados Unidos, ultrapassam a média de usuários digitais em duas ou três vezes, sabemos que as mulheres em todo o mundo concentram *trilhões* de dólares em poder de compra. Essas são oportunidades realmente grandes, e convém que as levemos em consideração.

É importante testar, certo? Não vou me aprofundar nisso, mas uma das questões importantes é o que chamamos de *"dogfooding"*, uma testagem interna de produtos antes do lançamento. Assim, quando estamos na fase de teste, devemos garantir que os grupos de testagem sejam realmente representativos deste belo e grande mundo em que vivemos. Logo, não podemos ter apenas pessoas de São Francisco, na Califórnia, testando o produto, ou apenas homens, não podemos deixar de incluir alguém com deficiência, ou um grupo em que todas as pessoas tenham o mesmo nível salarial. É preciso ter uma grande e verdadeira variedade de pessoas, com diferentes trajetórias e níveis sociais, para garantir que vamos obter de fato um conjunto de dados representativo.

Um último ponto que quero mencionar rapidamente é a importância de escrever os objetivos. Pesquisas mostram que, quando se anota uma tarefa, é mais provável que ela seja feita. Assim, gostaria de incentivar que se pense, nas empresas, em como produzir uma mudança concreta relacionada à inclusão de produtos. Os princípios a seguir são o ABC da inclusão de produtos:

Atenda às diversas necessidades de seus usuários atuais e futuros.

Busque testar e melhorar constantemente a *inclusão*.

Crie para todo mundo, *com* todo mundo.

Resumindo: a inclusão de produtos se presta a atender as necessidades de usuários atuais e futuros. Mas, como eu disse antes, a demografia mundial está mudando, e mudando rapidamente. Quem acha que pode permanecer focado nos mesmos grupos ou equipes sem expandir e mudar junto com o mundo, vai ver que seu negócio não permanecerá bem-sucedido. É preciso criar para todo mundo, como já mencionei, mas certificando-se de que se está criando não apenas para grupos sub-representados, mas com grupos sub-representados, sem presumir que se sabe o que é melhor para eles e chamando-os para a discussão nos momentos-chave. Por fim, é preciso testar constantemente e melhorar a inclusão. Ou seja, isso não deve ser algo pontual, mas um processo contínuo. Assim como a demografia está mudando, a perspectiva das pessoas também está. Por isso, precisamos garantir que estamos constantemente testando e obtendo o retorno nos momentos-chave.

**MP –** Ao desenvolver produtos sob a ótica inclusiva, levando-se em consideração diferentes origens, raças, etnias, habilidades, classes sociais, econômicas, é preciso segmentar toda a linha de produção? É feita uma segmentação ou se procura criar produtos que sejam bons para todo mundo?

**AJ-B –** Acho que as duas coisas, o que não é uma boa resposta. Mesmo assim, penso que, no processo de desenvolvimento de produtos, isso sugere uma preocupação com as partes-chave da cadeia de produção. A primeira, muitas vezes, é a pesquisa com o usuário. Quando você faz sua pesquisa, ela abrange apenas os Estados Unidos, ou apenas pessoas com certa renda e certa trajetória? Isso não faz sentido. Quando você faz uma propaganda, quem está contando a história, qual é a voz? É sempre uma voz branca que conta a história? Você só tem homens nos comerciais? Você pode começar a fazer todas essas perguntas a respeito de qualquer produto. Além disso, acho que é preciso pensar nas ocasiões em que, quando você se concentra em grupos sub-representados, acaba produzindo melhorias para todo mundo. Um exemplo é a acessibilidade para pessoas com deficiência pela rampa nas calçadas. Aquilo foi feito para pessoas em cadeiras de rodas, mas, quando você para e pensa, quantos tipos diferentes de pessoas usam a rampa na calçada? Ciclistas, skatistas, pais com carrinhos de bebê, pessoas com malas. Aquilo foi feito para um subgrupo, mas na verdade foi uma melhoria para todo mundo. Assim, acho que, se você mudar a maneira de pensar e refletir ("Ah, preciso focar no grupo x, y, z.") e encarar isso como uma grande oportunidade, pode fazer realmente uma grande diferença.

**MP –** Com tantas desigualdades no mundo, como é trabalhar com a finalidade de garantir a igualdade para a população sub-representada?

**AJ-B –** A população negra, em todo o mundo, tem resiliência em abundância, está em nosso sangue. Desde sempre essas pessoas lutaram para que estivéssemos em condições melhores que as delas. Por isso, eu realmente acredito que tenho a responsabilidade de lutar pelos que vierem depois de mim. Quero garantir que eles tenham mais oportunidades, enfrentem menos obstáculos, sintam que podem ser quem realmente são e que podem brilhar. Além disso, é uma grande oportunidade poder ajudar a criar produtos e programas e ver que as coisas estão mudando e se transformando. Penso que é isso que sempre me mantém motivada. Acredito que há de fato um grande número de exemplos positivos por todo o mundo, exemplos de negros que têm se engajado na boa luta. Ninguém achava que os Estados Unidos teriam um presidente negro. E nós tivemos. Então, quando eu penso: "Não posso", simplesmente olho para todas as pessoas ao longo da história que lutaram, e isso me dá força.

**MP –** Sua equipe diz que a senhora faz questão de relembrar sempre: "Se você não pode se ver, você não pode ser." O que quer dizer isso?

**AJ-B –** Quando você vai à maior parte das empresas, quando olha para quem está no topo, quem são os CEOs, os CMOs, eles são todos muito parecidos. Então, o que acontece quando estudantes e jovens estão pensando no que podem fazer da vida, ou o que podem fazer quando crescerem, e não veem alguém que se pareça com eles? Eles dizem: "Bem, esse não é um trabalho que eu possa fazer." E assim o ciclo continua. Nós realmente acreditamos que, se você se vê, você pode ser. E um dos exemplos disso é que temos uma equipe que trabalha para mudar a representatividade na ciência da computação. Nos Estados Unidos, quando pensamos em cientistas da computação ou em profissionais de tecnologia, imaginamos homens brancos de moletom e calça jeans. Nós queremos garantir que todos saibam que podem ingressar na área da ciência, da tecnologia, da engenharia e da matemática. Queremos que pessoas não brancas saibam que há pessoas como elas nesses empregos. Quando eu era jovem, nem imaginava que um dia trabalharia no Google. Isso não era a primeira imagem que passava pela minha cabeça. Não achava que seria uma engenheira. No entanto, há um monte de empregos no Google que não são para engenheiros, mas as pessoas não vão saber disso se não virem ali alguém como elas. As pessoas querem ver um exemplo com o qual possam se identificar, e por isso é tão importante ter, em todos os níveis, alguém que elas desejem ser, com quem acham que podem aprender e em quem queiram se transformar.

# OUTRAS
# VISÕES
# INCLU

# SOBRE
# SÃO

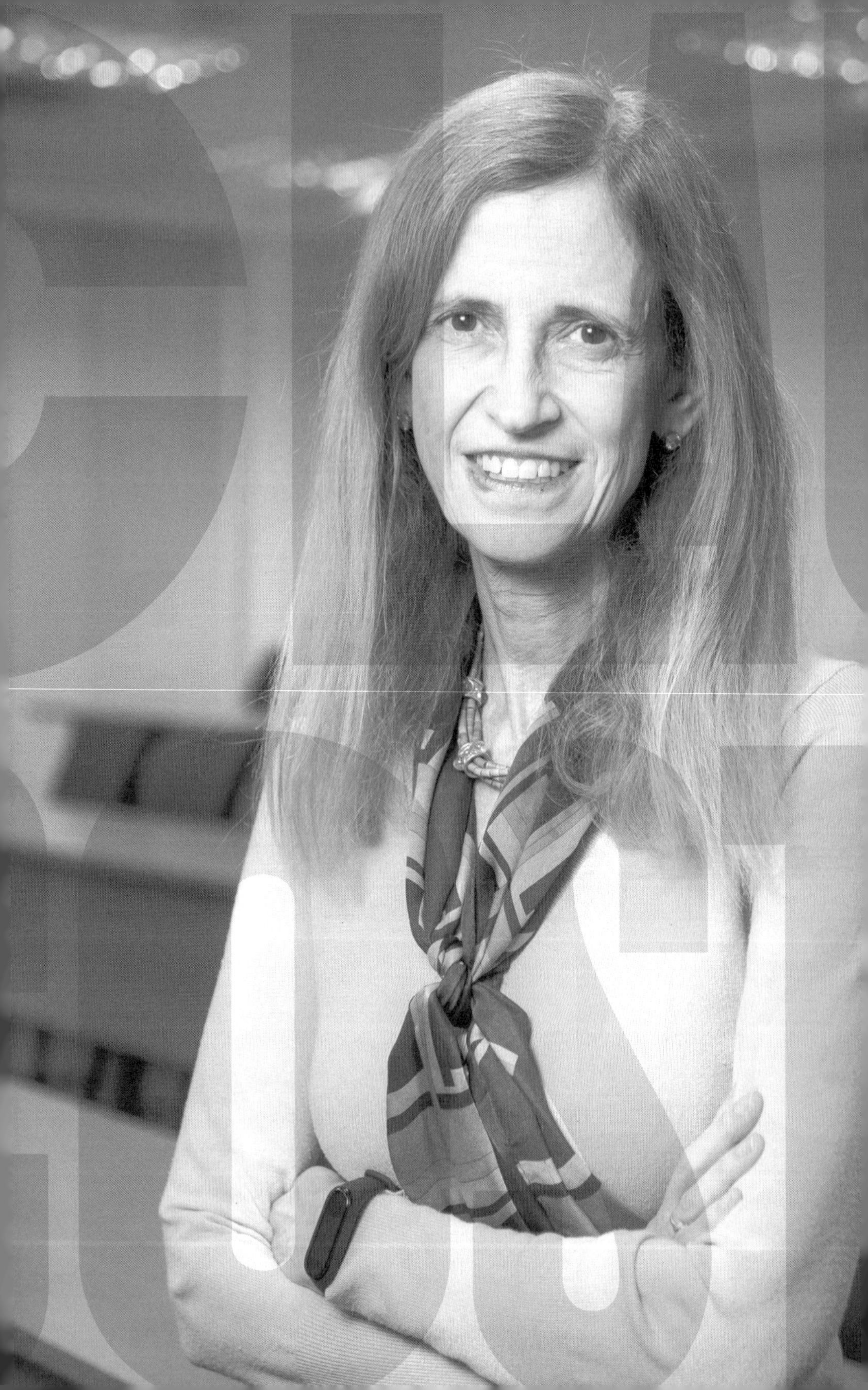

# CLÁUDIA COSTIN

Cláudia Costin foi professora universitária em diversas instituições de ensino superior. Entre 1995 e 2002, foi ministra da Administração e Reforma do Estado. Nos anos seguintes, ocupou o cargo de secretária de cultura do estado de São Paulo e foi vice-presidente da Fundação Victor Civita, ONG com foco em educação, assumiu a Secretaria Municipal de Educação do Rio e tornou-se diretora global de educação do Banco Mundial. Trabalhou ainda como consultora em políticas públicas e modernização do Estado, apoiando países africanos. Atualmente é professora visitante na Faculdade de Educação de Harvard e diretora-geral do Centro de Excelência e Inovação em Políticas Educacionais da FGV-RJ. Integra também a Comissão Global sobre o Futuro do Trabalho da Organização Internacional do Trabalho (OIT), uma agência das Nações Unidas.

# CLAUDI
# COSTA
# AUDIA
# OSTIN

Entrevista concedida em 3/08/2020.

**MAURÍCIO PESTANA** – Como a senhora vê o processo da educação na ascensão no mundo do trabalho?

**CLÁUDIA COSTIN** – A educação é a política social com maior potencial de emancipação de seres humanos, mas só se for de qualidade e equitativa, como corretamente estabelece o Objetivo de Desenvolvimento Sustentável 4, assinado por 194 países.

Infelizmente, a educação no Brasil ainda é profundamente desigual. No último PISA, avaliação internacional organizada pela OCDE e aplicada a jovens de 15 anos de várias economias, o Brasil apareceu como o segundo país mais desigual entre as 79 economias participantes.

O último resultado do módulo Educação da Pesquisa Nacional por Amostra de Domicílio Contínua (PNAD-Contínua) do IBGE também apresentou dados de desigualdade, inclusive o de que a taxa de analfabetismo entre a população de 15 anos ou mais, embora em queda, entre os pretos e pardos — cerca de 8,9% — é bem superior à dos brancos, de apenas 3,6%. No acesso e na frequência ao ensino médio dos 15 aos 17 anos, também há diferenças: 79,6% das pessoas brancas frequentam essa etapa de escolaridade; das pretas ou pardas, cerca de 66,7% frequentam.

Em tempos de automação acelerada, incluindo o advento da inteligência artificial, não contar com o saber letrado e a conclusão do ensino médio é, certamente, um fator de exclusão de um mercado de trabalho que extingue milhares de postos, substituindo-os por máquinas, e demanda, para os novos postos criados, competências de nível mais complexo.

**MP** — Em sua formação educacional como estudante, consegue listar a quantidade de negros que havia nas suas salas de aula, se houve algum, e que caminho percorreram?

**CC** — Fiz meu curso primário e ginasial num colégio de freiras, para meninas, e depois, no ensino médio, numa escola jesuíta. Nem no primeiro nem no segundo tive colegas ou mesmo professores negros.

**MP** — A senhora já teve experiências com a pauta da diversidade no seu universo de trabalho? Se teve, conte como foi.

**CC** — Sim, nos anos 1980. Participei de reuniões do Movimento Negro Unificado e fiz palestras sobre educação e inclusão — a pedido do meu orientador, Plinio de Arruda Sampaio — em organizações católicas que atuavam junto ao movimento negro. Além disso, morei na África, em Cabo Verde e em Angola, em meados dos anos 1980, e criei um vínculo duradouro com os dois países.

Mais tarde, como secretária da cultura do estado de São Paulo, desenvolvemos ações para fortalecer a produção e disseminação da cultura negra no cinema, no teatro e na literatura, e pude me colocar em defesa da criação de cotas étnico-raciais em universidades.

Na primeira década e no início da segunda do século 21, na Fundação Victor Civita e depois como secretária municipal de educação do Rio de Janeiro, pude trabalhar com o ensino de história da África, temas e culturas identitários e história do Holocausto.

No Banco Mundial, onde fui diretora global de educação, novamente a diversidade foi relevante, e não só por regras expressas da instituição, que tentava contemplar diversidade na composição das equipes como requisito na formulação e na implementação dos projetos.

**MP –** O Brasil tem adotado cotas raciais na educação já há algum tempo, com resultados positivos, mas ainda não atingimos patamares satisfatórios de ascensão no mundo corporativo. O que mais se faz necessário para avançarmos?

**CC –** Disseminar no código de ética das empresas — inclusive por meio de normativas para as que abrirem o capital — a exigência de que haja diversidade no corpo de funcionários. Muitas empresas e organizações da sociedade civil já começaram a fazer isso espontaneamente, mas vale a pena expandir a prática.

**MP –** O que a senhora diria para um CEO que quisesse iniciar hoje um processo de mudança profunda em sua empresa, indicando mais negros e negras para cargos de decisão e representatividade, sobre o problema secular de educação em nosso país, que aflige principalmente estudantes negros?

**CC –** Diria que deve persistir, afinal, apesar do número ainda pequeno de negros formados no ensino médio e no superior, já há uma amostra de onde buscar talento, e diria também que, dadas as dificuldades em avançar nos estudos que a população negra enfrenta, normalmente esses jovens têm muito mais persistência e resiliência que a média da população.

**MP –** "O Brasil não tem racismo, isso é coisa que querem trazer para cá", "assim que o negro estudar e lutar, ele vai chegar lá". Essas frases ainda são muito comuns no meio corporativo. Como responder a cada uma dessas indagações?

**CC –** Evidentemente que há racismo no Brasil. O país não apenas foi o último a abolir a escravatura no continente americano como aceitava a exclusão de negros em espaços públicos, e até mesmo associações da sociedade civil integradas por sócios continham até pouco tempo cláusulas que proibiam o seu acesso na condição de sócios.

O preconceito e a exclusão continuaram de forma mais velada até recentemente, quando as redes sociais e o crescimento da polarização política favoreceram um olhar saudoso para o passado em que não havia freios sociais a manifestações consideradas mais recentemente como politicamente incorretas.

A ideia de um sistema meritocrático que recompensa o empenho não é incorreta, desde que haja igualdade de oportunidades, o que infelizmente não ocorre no Brasil e em boa parte dos países. Sem equidade em educação, não há como julgar integrantes de populações excluídas apenas pelo seu esforço. Há que haver ações afirmativas.

**MP –** Nesses tempos tenebrosos em que vivemos com pandemias, fugas de capitais e investimentos, recessão e pouca liderança política no Brasil, que futuro a senhora vê para o tema igualdade racial em nosso país?

**CC –** Infelizmente, é tentador para o sistema político buscar bodes expiatórios em meio a crises, e a história da humanidade é repleta de exemplos nesse sentido. O culpado é o outro, o estrangeiro, o integrante de grupos étnicos minoritários ou os excluídos de acesso ao poder. É bem mais desafiador, nestas circunstâncias, trabalhar o tema da igualdade racial, mas é também mais urgente.

**MP –** Por que a senhora acha importante se engajar na luta antirracista?

**CC** – Considero essencial me engajar na luta antirracista, porque compartilhamos todos a mesma condição humana e, quando um ser humano é excluído, perdemos todos.

**MP** – A senhora é de origem judaica, uma comunidade que vivenciou e ainda vivencia a discriminação, mas superou a questão econômica e social. Que lições a senhora acha que os negros e o mundo corporativo poderiam tirar dessa experiência exitosa?

**CC** – Descobri, já adulta, que era de origem judaica e que meus pais foram perseguidos em seus países durante o Holocausto. A cada crise que emerge, minha comunidade — sim, porque depois que descobri que tenho essa origem incorporei-a à minha identidade — é acusada de ser culpada pelo que ocorre de errado, e a pandemia não foi exceção.

O que talvez tenha ajudado a muitos de nós foi a ênfase que as famílias judias deram à educação. Frase recorrente na relação de pais e filhos é a recomendação de que estudem e não esqueçam que a única coisa que não podem tirar de nós é o que temos na cabeça, ou seja, o conhecimento.

Não tenho certeza de que faria sentido trazer para a comunidade negra recomendações vindas do sofrimento dos judeus e de uma eventual superação. São trajetórias distintas, e talvez o único conselho que me sinto habilitada a dar seria: "Nunca perca sua identidade, pois é ela que lhe dá condições de se sentir pleno."

# VALDIRENE ASSIS

Valdirene Assis é procuradora do Ministério Público do Trabalho. Mestre em ciências jurídico-políticas pela Universidade de Lisboa, é também pós-graduada em *human rights* pela Universidade de Coimbra. Além disso, está à frente da Coordenadoria Nacional de Promoção da Igualdade de Oportunidades e Eliminação da Discriminação no Trabalho (Coordigualdade) do MPT-SP e do Projeto Nacional de Inclusão de Jovens Negras e Negros do MPT, trabalhando para que as empresas tenham um olhar especial para as desigualdades raciais. Também é vice-gerente do Projeto Nacional de Inclusão e Acessibilidade no Trabalho para Pessoas com Deficiência e Reabilitadas, vice-coordenadora da Política Nacional de Equidade de Gênero, Raça e Diversidade do MPT, integrante do Grupo de Enfrentamento ao Racismo do Conselho Nacional do Ministério Público (CNMP) e professora da Escola Superior do Ministério Público da União (ESMPU).

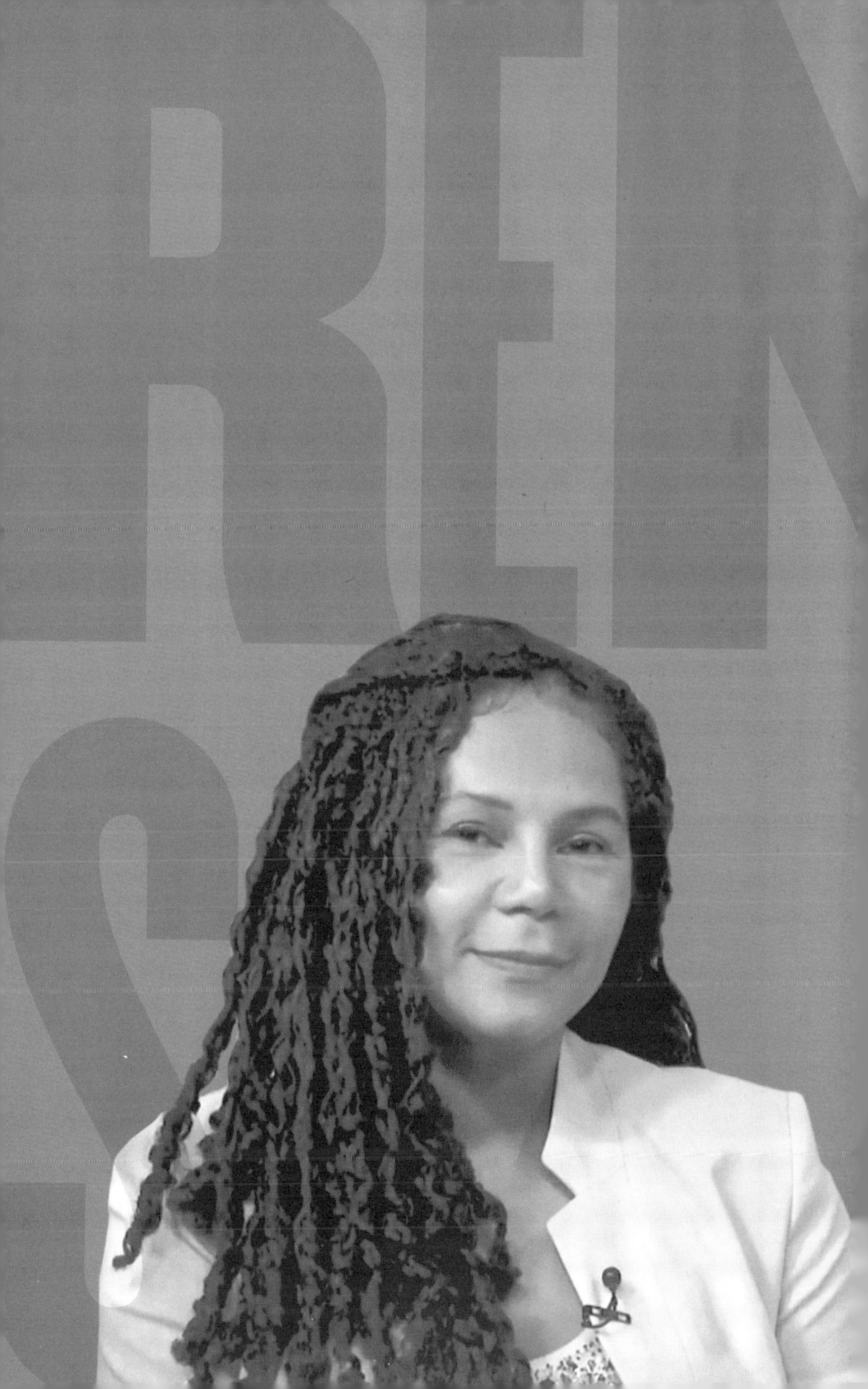

LAUREN
ASSIS
VAL DE
ASSIS

Publicada na *Revista Raça*, em 4/05/2020

**MAURÍCIO PESTANA –** Conte-nos um pouco de sua trajetória, desde sua origem humilde ao cargo atual de procuradora no Ministério Público do Trabalho.

**VALDIRENE ASSIS –** Meus pais são nordestinos e migraram para São Paulo, fixando-se na periferia da cidade, onde cresci ao lado de meu irmão. Família pequena, mas de muita exigência para que esses filhos se dedicassem à vida escolar. Meus pais diziam que isso mudaria as nossas vidas no futuro. Senti um afeto especial de professores e colegas de turma justamente pelo excepcional desempenho escolar que tive, desde sempre. Isso me guiou, não só na infância, mas na adolescência e na fase adulta. Ao abraçar uma carreira que me orgulha muito, ingressei numa instituição da qual tenho muita alegria de fazer parte, e essa é a grande consagração do trabalho de uma vida de estudos. É a devolutiva que faço aos meus pais.

**MP –** Quais são os maiores obstáculos que encontrou nessa caminhada?

**VA –** Os obstáculos da trajetória profissional da pessoa negra começam na infância e guardam relação com a questão racial. É muito difícil entender e se convencer de que todos os espaços sociais são possíveis, e a ausência de uma pessoa na sua família que já tenha uma vivência universitária é algo que vai dificultar muito o seu acesso ao ensino superior. Você precisa buscar por seus próprios meios todas as informações e referências para entender quais os caminhos deve seguir para chegar até a universidade. É muito difícil, quando está lá, interagir com os seus colegas, porque muitos são oriundos da classe média alta e o choque cultural é inevitável. Além disso, você não sabe quais são suas possibilidades uma vez que se vê formado, porque algumas pessoas têm quem lhes abra portas profissionais e você não tem essa rede de proteção. Quando conseguimos superar essa fase de estudante, a fase acadêmica, e passamos no concurso público, encontramos um ambiente em que não somos recepcionados por outros como nós. Dentro do Ministério Público, você não vai encontrar muitos negros, e não vai encontrar, portanto, referências. Quanto mais você ascende na vida estudantil ou na carreira profissional, mais solitário se sente. Essa sensação de ser exceção é algo muito difícil de ser experimentado e ser superado cotidianamente.

**MP –** A senhora já se sentiu discriminada pelo fato de ser mulher e negra?

**VA –** Toda pessoa negra no Brasil já foi vítima de discriminação racial, seja ela direta ou em situações próprias do racismo estrutural. Já na condição de procuradora do trabalho, recordo-me de haver um prédio no Judiciário no qual havia dois acessos, um com uma esteira para o controle de bolsas e detector de metais e outro em que as pessoas passavam livremente. Apresentei-me falando simplesmente "bom dia". O segurança me encaminhou ao acesso geral, acesso da esteira e do controle de detector de metais. Eu disse a ele que era membro do Ministério

Público e ele pediu para ver a minha identidade profissional. Quando apresentei, ele me encaminhou para o acesso próprio de membros do Ministério Público. Isso é uma canção clássica de leitura social dos corpos negros.

**MP –** Procuramos pouco o Ministério Público. Seria por conhecermos pouco esse serviço?

**VA –** O Ministério Público trabalha pela conscientização social e realiza campanhas e muitas outras atividades voltadas a informar a sociedade sobre quais são os seus direitos e quais são os canais possíveis de serem utilizados numa eventual situação de violação a esses direitos, muitas vezes as denúncias não chegam exatamente porque as pessoas ou desconhecem que seu direito foi lesado ou não sabem a quem recorrer. Então é importante que o movimento negro saiba que, sim, deve provocar o Ministério Público. O diálogo social é uma das ferramentas que o Ministério Público utiliza para melhorar as suas práticas, para melhorar a estruturação da sua atuação. Quanto mais o movimento negro procurar e dialogar com o Ministério Público, tanto melhor serão as respostas dele às demandas da população negra do nosso país.

**MP –** A presença negra nos meios de comunicação, sobretudo nas três maiores emissoras de TV do país, chegou às suas mãos?

**VA –** Em 2017, na coordenação nacional de prevenção e combate à discriminação do Ministério Público do Trabalho (MPT), juntamente com outros colegas com quem constituo um grupo de trabalho de raça, recebemos denúncias do movimento negro e de cidadãos e cidadãs brasileiros sobre uma novela de uma grande emissora ambientada em Salvador e que, não obstante isso, tinha um elenco majoritariamente branco, e a participação dos atores negros era diminuta e em essência secundária. Isso deflagra dentro no MP uma atuação inédita, uma busca de uma maior e melhor representatividade negra na TV. Esse trabalho tem início então com a emissora, e nós expedimos uma notificação recomendatória para que a empresa documentasse suas práticas e tivesse a oportunidade de se manifestar sobre as denúncias. Expedimos também outras notificações para outras emissoras de TV aberta, e, a partir daí, um trabalho foi iniciado com a realização de audiências e a solicitação de documentos. Em suma, elas sustentam que não praticam nenhuma forma de discriminação. Mas, de uma maneira concreta, o que nós observamos é que a estatística que milita contra essa afirmação leva as empresas a realizarem contratações de profissionais negros e negras. De 2017 até o momento presente, em razão dessa atuação, verificamos que as emissoras de TV do nosso país, tanto as de canal aberto quanto as TVs por assinatura de canal fechado, têm realizado mais contratações, seja para a área do jornalismo ou para a atuação como artistas, atores e pesquisadores de TV. Enfim, dentro da sua programação, as emissoras de fato têm contratado muito mais profissionais negros e negras, não obstante ainda ser um número bem insuficiente, muito aquém daquilo que é a efetiva representação da população negra no país. Mas esse trabalho é muito importante para o atendimento do que dispõe a legislação brasileira e também a bem da defesa de crianças e adolescentes, que precisam ter referências nesse material audiovisual a que têm acesso cotidianamente. Esse material não pode reforçar estereótipos negativos, não pode dar às crianças e adolescentes a sensação de que as pessoas negras não pertencem a determinados espaços sociais. Essa relação de enfrentamento do racismo estrutural passa pelo engajamento das emissoras de TV, passa por uma compreensão de que é um trabalho social muito amplo e que o esforço de todos é necessário.

**MP –** Sua atuação na questão racial no tema inclusão no mercado de trabalho de jovens negros tem sido exemplar. Fale um pouco sobre esse trabalho.

**VA** – Coordeno nacionalmente um projeto voltado para jovens negras e negros universitários destinado a promover uma inclusão qualificada, uma inclusão que não é de base, desses jovens em postos estratégicos, inclusive de mando e gestão das pessoas jurídicas que integram o projeto. É um projeto nacional, que envolve membros e membras do Ministério Público em todos os estados em que o MPT tem sede e que objetiva promover essa inclusão em três segmentos. Escolhemos o segmento de advocacia, porque menos de 1% dos advogados ou advogadas das grandes bancas brasileiras são pessoas negras; além disso, estamos falando de operadores do direito, pessoas que têm um papel de extrema relevância na propagação da mensagem da equidade racial.

O segundo segmento é o da publicidade, em que menos de 3% dos profissionais são pessoas negras. A publicidade precisa ter uma diversidade não só no seu quadro funcional, mas também no produto que entrega à sociedade. Quem olha a publicidade brasileira, especialmente se estiver fora do Brasil, não consegue dimensionar o que é a nossa real demografia, o que é essa população brasileira.

O terceiro segmento que nós selecionamos foi o empresarial, e um dado que utilizamos para essa seleção é o de que 0,5% do quadro de executivos das quinhentas maiores empresas do nosso país é composto de mulheres negras. Esse projeto busca elevar em 30% a contratação de jovens negras e negros e realizar a sua qualificação profissional para facilitar e propiciar que essa inclusão de fato ocorra. Além disso, procura qualificar gestores e pessoal de RH sobre a importância da igualdade racial, porque essas são pessoas essenciais no processo de seleção, de contratação ou mesmo de progressão na carreira desses jovens negros e negras. Um exemplo de atuação importante do nosso projeto ocorre na cidade de São Paulo, local onde estou sediada e executo as ações. Consigo, dialogando com o segmento publicitário, que as grandes agências de publicidade do nosso país façam uma adesão maciça pelo projeto de inclusão dos jovens negros e negras por meio de um pacto pela inclusão. Esse evento, que ganhou publicidade em setembro do ano passado, tem gerado bons frutos: as empresas têm realizado as contratações, estão fazendo campanhas internas de conscientização e produzindo peças publicitárias mais diversas. Então essa atuação do MP, que é marcada por uma forma promocional de trabalho, ou seja, não é coercitiva, tem como essência trazer essas pessoas jurídicas — selecionadas pelo próprio MP segundo a sua importância no segmento em que atuam e a sua capacidade inclusiva — para um diálogo, para a construção de políticas internas de equidade racial. A partir daí, o MPT vai acompanhar o que tais empresas estão realizando na sua rotina para efetivamente promover a equidade racial no seu ambiente de trabalho.

**MP –** E a feira que seria realizada em 2020?

**VA –** Na execução do projeto de inclusão de jovens negras e negros, além do grupo de discussão com empresas, escritórios de advocacia e agências de publicidade em São Paulo, também tenho um grupo de trabalho das universidades pela empregabilidade dos jovens negras e negros de universidades públicas e privadas. No grupo surgiu uma ideia da realização de uma atividade que reúna todos os atores sociais que estão dialogando com o MPT sobre essa inclusão, um momento para que a gente encontrasse os jovens, encontrasse esses futuros empregadores, além dos movimentos negros, as entidades de direito público que estão apoiando esse trabalho e os organismos internacionais. Enfim, seria um grande momento de celebração da diversidade racial, da promoção da inclusão dos jovens negras e negros universitários, uma feira a ser realizada na cidade de São Paulo. A partir daí fizemos reuniões com as pessoas jurídicas que estão acompanhando o projeto na cidade, e grandes empresas, escritórios de advocacia e agências de publicidade aderiram a essa proposta. Fechamos o ano de 2019 com o projeto da feira detalhado, desenhado e ordenado para ocorrer em maio de 2020. O local escolhido foi o Anhembi, em razão de parceria com a Secretaria da Cultura, a Secretaria de Turismo do município de São Paulo, além do apoio da Secretaria de Direitos Humanos, especialmente dentro da sua política de equidade racial. Estávamos nos estruturando, nos organizando para que o evento ocorresse de fato no mês de maio. Traríamos os jovens, as empresas fariam oficinas, atividades para preparar os jovens para o processo seletivo, e algumas realizariam os processos seletivos, outras fariam simulações desses processos. Haveria atividades artísticas, painéis de discussão sobre temas relevantes e inclusão dos jovens. Retornaremos ao projeto tão logo conseguirmos superar este momento difícil vivido mundialmente e sentido de uma forma muito forte na nossa realidade nacional, mas ele precisa de parceiros que confiem muito na importância dessa estratégia, na importância da inclusão dos jovens negras e negros.

**MP –** A senhora acha que a crise ocasionada pela covid-19 pode enfraquecer a pauta da igualdade racial nas empresas?

**VA –** A crise humanitária, social e econômica que o Brasil vivencia neste momento só evidencia a urgência da pauta da inclusão racial. Os impactos serão sofridos de forma desproporcional pela população negra. Esse é o grupo populacional que, seguramente, terá o maior número de desempregados e, portanto, terá necessidade da realização de políticas públicas para o enfrentamento das dificuldades pós-pandemia. Então, a pauta da equidade racial, segundo a minha análise e segundo a de outros tantos profissionais da área, só será intensificada, só será potencializada. É a forma que teremos de mitigar os efeitos nefastos desta crise na sociedade brasileira.

**MP –** Neste momento, no Brasil, infelizmente milhares de negros perderão o emprego. Qual é o recado para essas pessoas que devem engrossar as filas de desempregados?

**VA –** Os momentos de crise, especialmente esta crise, que coloca as pessoas em isolamento, são também o momento em que elas são levadas a um inevitável processo reflexivo, a um inevitável processo de autoavaliação, de avaliação da própria vida e da vida coletiva. Nessas oportunidades nós também conseguimos enxergar alternativas para seguir com a nossa vida, acreditar no nosso potencial e na nossa capacidade, entendendo os desafios que o momento traz a todas as pessoas, mas insistindo de forma muito positiva em estar ativo, estar participativo e buscar as oportunidades de trabalho e de emprego que se apresentem, além de se preparar para esses desafios, se preparar para esses novos momentos, tentar estar pronto a fazer frente a esses desafios, na medida do possível dentro da sua realidade. Mas a busca dessa solução passa também por um irmanar — é um momento de solidariedade, um momento de pensar em soluções coletivas, de buscar apoio nos coletivos, de trabalhar de forma coletiva para a busca das soluções. É uma oportunidade de aproximação de trabalhadores e de trabalhadoras para se solidarizar. Aqueles que têm o trabalho podem ajudar aqueles que estão desempregados a se recolocar, a sobreviver a esses períodos. Essa rede de solidariedade é uma forma muito positiva de tentar fazer frente a este momento tão desafiador que estamos vivendo e pelo qual seguiremos vivendo por um tempo ainda depois do ápice desta crise.

**MP –** Nosso público é majoritariamente feminino e jovem. Que dica a senhora daria para essas jovens negras que queiram, um dia, trilhar seu caminho de sucesso?

**VA –** Ser mulher negra e pobre no Brasil significa enfrentar a questão de gênero, de raça e de classe. Algo que a academia já trabalhou muito, algo que os movimentos negros nos ensinam e apenas as pessoas que têm esse histórico, essa realidade, sabem o que isso significa, e só elas sabem o que é a força que se precisa ter para lutar pelos seus sonhos, para lutar pela sua realização pessoal, profissional, e para romper os ciclos de exclusão, de pobreza, de miséria que são impostos socialmente a muitos de nós. Acho que mais que nunca o provérbio africano de que é preciso uma aldeia inteira para educar uma criança é válido. Por ser atemporal, essa ideia da aldeia pode ser compreendida como o coletivo de mulheres negras, a população negra brasileira ou mesmo toda a sociedade brasileira. Então, eu sou filha dessa aldeia, sou produto dela e me espelho nela — muito do que ela me mostra e ensina, eu vou carregar ao longo da vida. E quando eu crescer serei uma integrante dessa aldeia e terei a responsabilidade de influenciar outros, de educar outros. Por isso, aquilo que acontece na minha vida é também importante para a minha coletividade. Sou um ser político e estou neste contexto social, e o que faço impacta não só na minha existência. As minhas omissões, as minhas ações, os meus progressos, os meus insucessos me afetam e afetam o meu coletivo, logo é muito importante que cada uma de nós lute com todas as forças que tem para superar esses obstáculos que a vida vai apresentando. É possível lutar, é possível enfrentá-los, tanto mais quando você faz isso nessa perspectiva coletiva e entende que você não é um, você na verdade é um que faz parte de um todo.

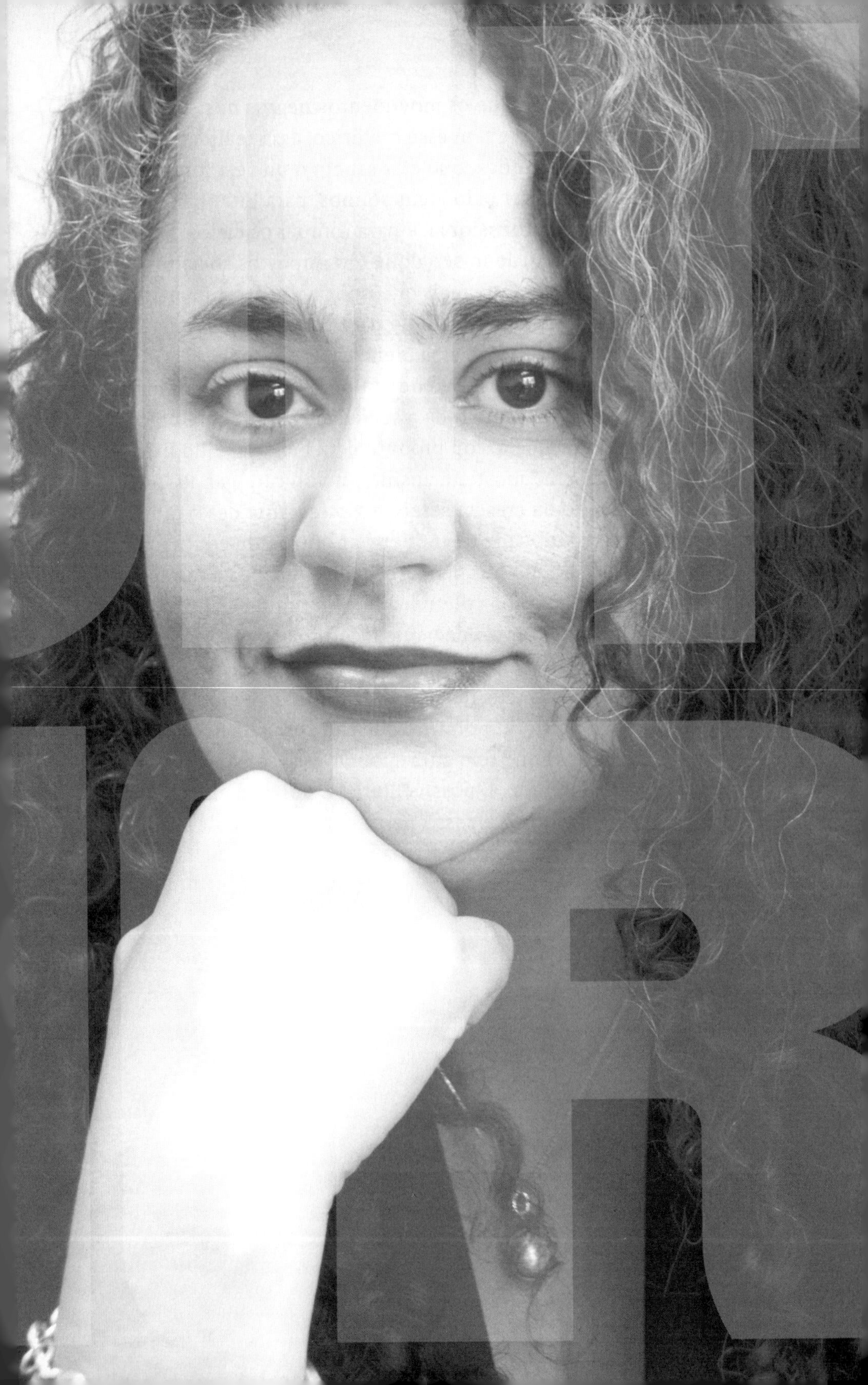

# JUDITH MORRISON

Judith Morrison é assessora principal da Divisão de Gênero e Diversidade do Banco Interamericano de Desenvolvimento (BID) em Washington, cargo que assumiu em 2009. Antes disso, foi diretora regional da América do Sul na Fundação Interamericana, diretora-executiva da Consulta entre Agências na América Latina (Banco Mundial, BID e Fundação Ford) e diretora de programa no Diálogo Interamericano. Negociou o primeiro fundo de ecodesenvolvimento com o setor privado no Brasil e trabalha há mais de vinte anos no país. Ganhou o Prêmio da Inovação e Sustentabilidade do BID em 2014 e 2015. Judith tem mestrado em distribuição de renda e desenvolvimento econômico pelo Instituto de Tecnologia de Massachusetts (MIT), onde recebeu o prêmio Carroll Wilson e foi *fellow* Woodrow Wilson.

Publicada na revista *IstoÉ Dinheiro*, em 25/05/2016.

**MAURÍCIO PESTANA –** São estarrecedores os dados revelados pela pesquisa do instituto Ethos sobre a presença de negros nos cargos de direção das grandes empresas. Como mudar isso?

**JUDITH MORRISON –** Acredito na urgência do assunto. Percebemos que na área de *trainees* e aprendizes houve algumas mudanças e também uma leve melhora. Na questão das mulheres em cargos gerenciais não vimos muita diferença e há bastante trabalho pela frente. Considerando que a pesquisa é uma amostra das empresas mais interessadas no tema, é um pouco preocupante que muitas delas pensem que a situação das mulheres e dos afrodescendentes já esteja bem. Inclusive, acreditamos que isso seja um sinal de que devemos trabalhar ainda mais com esse público nessas áreas.

**MP –** Quais são os grandes gargalos na contratação, permanência e ascensão dos negros nas grandes empresas?

**JM –** Em termos de gargalos específicos há um pensamento sobre o tema. Existe um problema grande no repertório das empresas interessadas em olhar para as pessoas que estão ali, dentro das próprias organizações. Temos que pensar em um trabalho coletivo, porque isso não impacta unicamente um setor no Brasil, é bastante generalizado.

**MP –** De que forma a ausência de mulheres e negros nos cargos de gerência e direção das grandes empresas pode causar prejuízos?

**JM –** A ausência de mulheres e de afrobrasileiros, que são mais da metade da população do país, pode representar uma ineficiência por parte das empresas e uma perda de lucro muito significativa. Um exemplo concreto é que menos de 4% dos altos gerentes são pessoas negras, e as mulheres somam menos de 15%. Logo, os cargos de tomadores de decisão não são acessíveis para as pessoas que representam a maioria da população.

**MP –** O perfil também mostra que as empresas estrangeiras ainda são a maioria das que se preocupam com essas questões. Por que é tão difícil as empresas brasileiras avançarem nessa área?

**JM –** Várias empresas estrangeiras têm metas de diversidade e sustentabilidade e precisam apresentar relatórios sobre a situação aqui no país. Elas também conhecem a parte demográfica e sabem que o mercado é grande. Essa percepção é muito notada na área de tecnologia. Nos Estados Unidos há empresas como a Intel, que decidiu investir mais de US$ 300 milhões em fornecedores e funcionários negros, demonstrando que mais do que ser algo bom, representa negócios. E, realmente, o uso da tecnologia e da rede social é uma questão sutil e cultural. Se você não sabe como seus clientes agem, vai perder oportunidades, e essas empresas querem ficar na vanguarda.

**MP –** A senhora é uma estudiosa da América Latina, mas sempre teve um grande interesse pelo Brasil. Como vê as empresas brasileiras nessa questão?

**JM –** Existem empresas brasileiras que pensam na questão racial, mas ainda há possibilidades de crescimento nesse grupo. A resistência e a falta de repertório ainda são grandes problemas. Nos Estados Unidos usamos o conceito de minoria e no Brasil temos que criar um conceito de maioria. Quando a empresa está pensando em como ser mais eficiente e melhor no que está trabalhando, ela precisa enxergar o que está dentro dela própria. Ao obter todos os talentos de apenas um grupo social privilegiado, uma minoria, elas estão limitando o seu universo e isso não é meritocracia.

**MP –** E o que senhora aconselharia para essas empresas?

**JM –** Para essas empresas são necessárias três reflexões fundamentais. Primeiro: estamos procurando o melhor talento? Segundo: estamos promovendo os melhores talentos dentro da empresa? Digo isso porque sabemos de casos nos quais os empregos são destinados a pessoas da família ou de uma determinada rede, excluindo outras que muitas vezes possuem capacidade maior do que a pessoa indicada. E terceiro: estamos perdendo mercado porque estamos pensando igual e não somos iguais, mas uma sociedade bastante diversa?

Outro aspecto que sempre comento com as empresas brasileiras que têm ambição de se tornarem multinacionais é: se você consegue lidar bem com a questão racial aqui no Brasil, pode vender para qualquer mercado ou país. Um lugar com a maior população negra fora da África, a maior população japonesa fora do Japão, entre outras etnias, tem um valor de diversidade que ninguém mais tem.

**MP –** Conhecendo nosso mercado, nossos avanços e sabendo que estamos passando por um período econômico e político muito difícil, quais as perspectivas para a questão racial no Brasil dentro deste cenário?

**JM -** Este é o momento ideal para falar da questão racial no setor privado no Brasil, que pode ter muito protagonismo nas questões mais sociais, as quais precisam estar fortalecidas agora. Não é hora para reflexão apenas, é um momento de urgência. Um momento de pensar na eficiência e em como atingir novos mercados utilizando os recursos que já existem. E, nesse quesito, sabemos que os afrodescendentes representam um mercado enorme, que foi pouco estudado e tem muito potencial de crescimento. A inserção da comunidade negra na classe média tem sido forte e ainda não se sabe quais são todas as demandas, os gostos e os produtos que interessam a eles. E para as empresa não é apenas uma questão de fazer o bem, mas de fazer negócios.

# CORPORAÇÕES INCLUSIVAS

As entrevistas contidas neste livro foram concedidas por altas lideranças do meio corporativo, pessoas que têm se empenhado dentro das suas respectivas corporações para o enfrentamento ao racismo estrutural infelizmente presente em nossa sociedade.

Abaixo estão listadas não só as empresas desses executivos, mas também outras companhias que, de uma maneira ou de outra, trabalham para tornar o ambiente corporativo mais diverso. A todos, nossos sinceros agradecimentos.

ACCENTURE
ALCOA
AMBEV
AMCHAM
AME
AMIL
AVON
B2W
BASF
BAYER
BELGO BEKAERT ARAMES
BOTICÁRIO
BRADESCO
BRISTOL-MYERS SQUIBB
CARREFOUR
COLA-COLA COMPANY
COLGATE
DOW
ESTÁCIO
FACEBOOK
FDC
GENERAL ELECTRIC
GERDAU
GOL LINHAS AÉREAS
GOLDMAN SACHS
GOOGLE
HENKEL
HYDRO

IBM
IBRACEM
ITAÚ UNIBANCO
J.P. MORGAN
KLABIN
MAGAZINE LUIZA
MATTOS FILHO
MCKINSEY
MICROSOFT
NATURA
NATUSCIENCE
NESTLÉ
NETFLIX
ORACLE
PAYPAL
PHILIPS
PWC
REVISTA RAÇA
SANTANDER
SAP
SHELL
SODEXO
SUZANO DE PAPÉIS E CELULOSE
SYNRISE
TENDA ATACADISTA
TIM
TOTVS
UBER
UNILEVER
UNISUL
VIA MUNDI TRANSPORTE AÉREO
VIVO
WHITE MARTINS

# REFERÊNCIAS BIBLIOGRÁFICAS

AZEVEDO, Célia Marinho. **Onda negra, medo branco: o negro no imaginário das elites do século XIX.** Rio de Janeiro: Paz e Terra, 1987.

AZEVEDO, Eliane. **Raça – conceito e preconceito**. São Paulo: Ática, 1987.

CASTRO, Mary Garcia. **Mulheres chefes de família, racismo, códigos de idade e pobreza no Brasil (Bahia e São Paulo) – desigualdade racial no Brasil contemporâneo.** Belo Horizonte: UFMG/Cedeplar, 1991.

CHAIA, Miguel W. Negro: entre o trabalho forçado e o trabalho restrito. **São Paulo em Perspectiva**, v.2, abr./jun. 1988.

CHALHOUB, Sidney. **Trabalho, lar e botequim**. São Paulo: Brasiliense, 1986.

CHIAVENATO, Júlio José. **O negro no Brasil – da senzala à Guerra do Paraguai**. São Paulo: Brasiliense, 1980.

CONRAD, Robert. **Os últimos anos da escravatura no Brasil**. Rio de Janeiro: Civilização Brasileira, 1975.

COSTA, Emília Viotti da. **A abolição**. São Paulo: Global, 1982.

FREITAS, Décio. **O escravismo brasileiro**. São Paulo: Mercado Aberto, 1982.

GORENDER, Jacob. **O escravismo colonial**. São Paulo: Ática, 1978.

HASENBALG, Carlos Alfredo. **Discriminação e desigualdades raciais no Brasil**. Rio de Janeiro: Graal, 1979.

IANNI, Octávio. **Raças e classes sociais no Brasil**. Rio de Janeiro: Civilização Brasileira, 1966.

MOURA, Clóvis. **Rebeliões da senzala**. São Paulo: LECH, 1981.

————; PESTANA, Maurício. **O negro no mercado de trabalho**. São Paulo: Conselho de Participação e Desenvolvimento da comunidade Negra, 1986.

NASCIMENTO, Abdias do. **O genocídio do negro brasileiro**. São Paulo: Perspectiva, 2016.

OLIVEIRA, Lúcia Elena et al. **O lugar do negro na força de trabalho**. Rio de Janeiro: IBGE, 1983.

PESTANA, Maurício. **Palavras de um trabalhador negro**. São Paulo: CEERT/Pestana Publicações, 1992.

PINSKY, Jaime. **A escravidão no Brasil**. São Paulo: Global, 1981.

PORCARO, Rosa Maria; ARAÚJO, Tereza Cristina N. Mudanças na divisão social do trabalho e (re)produção da desigualdade racial. **São Paulo em Perspectiva**, v. 2, abr./jun. 1988.

# CRÉDITOS DAS FOTOS

ALEX SALGADO | Foto: Claudio Belli / Valor / Agência O Globo • ANNIE JEAN-BAPTISTE | Foto: JC Olivera / Getty Images • CLÁUDIA COSTIN | Foto: Roberto Moreyra / Agência O Globo • CLAUDIA POLITANSKI | Foto: Silvia Zamboni / Valor / Agência O Globo • CRISTINA PALMAKA | Foto: Julio Bittencourt / Valor / Agência O Globo • GILBERTO COSTA | Foto: Milena Fontes • GUSTAVO WERNECK | Foto: Ana Paula Paiva / Valor / Agência O Globo • LUIZA TRAJANO | Foto: Ana Branco / Agência O Globo • MARIA ANGELA JESUS | Foto: Silvana Garzaro / Estadão Conteúdo • MARIA CRISTINA SAMPAULO | Foto: Patrícia Caggegi • NOËL PRIOUX | Foto: Valéria Gonçalvez / Estadão Conteúdo • RICARDO GARCIA | Foto: Rafael Motta • THEO VAN DER LOO | Foto: Ana Paula Paiva / Valor / Agência O Globo • ANDREIA DUTRA; EDER LEOPOLDO RAMOS; EDVALDO SANTIAGO VIEIRA; JUDITH MORRISON; MARCOS SAMAHA; RACHEL MAIA; SEKOU KAALUND; VALDIRENE ASSIS | Fotos: divulgação

**Direção editorial**
*Daniele Cajueiro*

**Editora responsável**
*Janaína Senna*

**Produção editorial**
*Adriana Torres*
*Mariana Bard*
*Júlia Ribeiro*

**Copidesque**
*Bárbara Anaissi*
*Carolina Leocádio*

**Revisão**
*Daiane Cardoso*
*Mariana Oliveira*

**Projeto Gráfico**
*Anderson Junqueira*

**Diagramação**
*Filigrana*

Este livro foi impresso em 2020
para a Agir.